青春期女孩父母应掌握的引导技巧

U1013174

晓丹 / 著

引导青春期女孩

精华版

商务印书馆国际有限公司

图书在版编目（CIP）数据

引导青春期女孩：精华版 / 晓丹著 . -- 北京：商务印书馆国际有限公司，2020.1

ISBN 978-7-5176-0712-0

Ⅰ . ①引… Ⅱ . ①晓… Ⅲ . ①女性—青春期—家庭教育 Ⅳ . ① G782

中国版本图书馆 CIP 数据核字（2019）第 216476 号

引导青春期女孩（精华版）

作　　者　晓　丹
责任编辑　蔡红英
出版发行　商务印书馆国际有限公司
地　　址　北京市东城区史家胡同甲 24 号　邮编 100010
电　　话　010–65592876（总编室）
　　　　　010–65227580（编辑部）
　　　　　010–65598498（市场营销部）
网　　址　www.cpi1993.com
印　　刷　三河市紫恒印装有限公司
开　　本　880mm × 1230mm　1/32
字　　数　185 千字
印　　张　7.5
版　　次　2020 年 1 月第 1 版　2020 年 1 月第 1 次印刷
书　　号　ISBN 978-7-5176-0712-0
定　　价　28.00 元

版权所有 · 违者必究

如有印装质量问题，请与我公司联系调换。

序言 Preface

10～18岁，决定女孩一生的关键期

10～18岁，是人生中最美好的青春期，也是决定女孩一生的关键期。青春的岁月如钻石般珍贵，如鲜花般美丽。然而，青春的岁月里也同样有狂风扬沙，甚至乌云暴雨。青春期的女孩令不少父母感到迷惘，甚至找不到教育的方向——昔日乐观开朗的女儿如今变得多愁善感；女孩曾经多么乖巧、听话，如今却变得叛逆；最令父母担心的是，女儿恋爱了，常常为此神情不定……面对青春期女孩的变化，父母感到不知所措，他们很想拉孩子一把，却发现无处下手。

这时候的父母，应该以何种方式对待女孩呢？显然，堵不如疏，管不如爱，教育不如引导。只要父母们学习并掌握有关青春期教育的知识，并对女孩认真加以引导，就可以避免女儿误入歧途，早日成才。反之，如果你还把青春期的女孩当小孩子一样管教，用曾经的教育方法对待她们，那么女孩不但不会接受，还会用反叛、任性等极端方式来表示对抗。

那么，何为青春期？青春期女孩的身心又有怎样的特点？归纳起来，大致有以下几个方面。

一生中的危险期

许多西方心理学家把青春期看作个体发展的“危险期”。他们认为，女孩到了这一时期，身心发展充满着矛盾。她们的儿童心理模式被打破，成人心理模式尚未完全建立。她们既有热情的渴望、交往的张狂和个性的开放，又有自己独处、孤芳自赏的闭锁。

这个时期，女孩的可塑性极大，同时也是极易形成不良品质的阶段。如果父母不能正确对待女孩这种独立性的需求，女孩的反抗情绪及行为就会逐渐演变成逆反性格，阻碍其日后的发展。因此，作为青春期女孩的父母，应学会理解和宽容女孩的过失，尊重和保护女孩的独立性，珍视女孩渴望自由的心理倾向，支持她们的愿望、想法，鼓励女孩独立处理自己的事情，不约束，不包办，那么，就可以引导女孩的自我感、独立性沿着健康的方向发展，化“危险期”为“安全期”。

身体发育的过渡期

女孩进入青春期，最明显的变化出现在身体上。她们脸上长出了“痘痘”，体型出现了巨大变化；更令她们困惑的，是“好朋友”的光顾……很多女孩急切地想知道身体究竟发生了怎样的变化，却因羞于开口而把所有的困惑藏在心中。

父母想要引导女孩走出青春期的困惑，就要及时对女孩讲清青春发育的常识，尤为必不可少的就是性教育。在这个问题上，女孩一般希望得到来自母亲的帮助。对此，母亲需要通过观察和关心女孩的发育状态，用自己的经验为女孩解答属于正常发育现象的问题，消除她的疑惑。

心理成长的关键期

青春期是从儿童走向成人的过渡期，意味着女孩将离开父母、家庭的监护，摆脱对成人的依赖，成为独立的个体，是心理“断乳”的关键时期。在这个时期，女孩的精神生活充满矛盾和冲突，处在一种非常不稳定、不平衡的状态，具有多种情绪问题：有的女孩情绪波动明显，时而开心愉悦，时而郁郁寡欢；有的女孩过分敏感，情感十分脆弱；有的女孩自卑烦恼，多思多虑；有的女孩嫉贤妒能，难以自控；有的女孩过分自闭，造成交友障碍……

一对合格的父母，至少是能够理解孩子感情的父母。对于青春期女孩而言，她们对生活很迷茫，不懂得控制自己的情绪。这就需要做父母的，在关心女孩身体、学习的同时，给女孩的情感成长以指导和疏解，让女孩快乐健康地成长。

个性、品格、习惯的形成期

青春期处在竭力摆脱童年时期的幼稚状态，向成熟社会化的人迅速发展过渡的时期。在这个时期里，女孩的意志、个性、能力、品质等人格因素得到充分发展，其发展结构会对女孩将来的学业、事业、婚姻、家庭等方面造成重大影响。因此，这时期父母的教育和引导很关键。千万不可强压，也不可纵容，父母只有在爱与管中寻找教育的平衡点。

在这一时期内，父母要注意女孩发展中可能出现的各种问题，并采取积极措施，给女孩未来的成功奠定坚实的基础。如果女孩身上出现一些不良征兆，对于这些征兆，一定要彻底根除。

学习能力的爆发期

青春期不仅仅是身体疯长的时期，更是孩子学习能力的爆发期，无论是女孩还是男孩，其记忆力、注意力、思维能力都在此时爆发。他们的记忆力超强得好，不仅明显地高于小学生，也高于大学生，甚至超过了成人短时的记忆容量。他们常将注意力集中在感兴趣的事情上，非常专注，难以动摇。如果父母能引导孩子把学习当成兴趣，那么青春期孩子的成绩会取得非常大的飞跃。另外，青春期孩子的逻辑思维能力也趋向成熟，这样的思维会使他们在学习数学、物理、化学等理科方面游刃有余。因此青春期是孩子学习的黄金期。当然，学习很重要，但父母们不能给女孩太大压力。要为女孩的学习减压，让她们卸下学习的包袱，这样才能提高自身的学习效率。切记，为了女孩的健康成长，父母们千万不要被分数锁住思想！

最后，希望每位阅读此书的家长，能够用自己的爱心，搭筑起女孩飞翔于天空的桥梁。用我们的双手，铺就女孩走向成功、幸福的宽阔大道！

目录 Contents

第一章 女孩的心思不难猜

解读女孩内心成长的秘密

第二章 一定别和女孩做对

良好的沟通是引导的前提

第三章 让被爱的女儿更懂爱

做青春期女孩的情感向导

第四章 受欢迎的女孩最命好

教给女孩必须掌握的交往之道

第五章　请避开人生的那些陷阱

引导女孩远离青春期的“大麻烦”

第六章　培养最出众的女孩

青春期女孩最需要的能力引导

第七章 青春期自我保护

送给青春期女孩的平安护身符

第一章

女孩的心思不难猜

解读女孩内心成长的秘密

进入青春期的女孩，会隐隐约约感受到自己身体上和心理上的某些变化。这些变化，让她们感到兴奋，因为自己长大了；也让她们感到好奇、羞怯，还有一些迷茫，甚至恐惧。因为有很多事情是她们想知道的、需要知道的，却又羞于去问父母、老师，只好把一个个问题化成一个个问号，藏在心里。此时的女孩，最需要的是父母去“帮她”，而不是去“管她”。

然而，对于父母来说，青春期女孩的心理像雾像雨又像风，怎么都琢磨不透。他们常常会发出这样的感叹：青春期女孩的心理咋这么难猜呢！青春期女孩的心理难猜吗？其实不难猜，重要的是家应成为她们永远温暖的港湾，无论女儿遇到什么困惑，父母都要像朋友一样去和女儿进行沟通和交谈，来帮她解决青春期遇到的问题。

第 1 招

“天！胸部怎么变大了！”

——如何消除女孩对身体的困惑

女孩的困惑

最近一段时间，有太多奇怪的事，我的身体发生了变化，先是胸部变大了，随后内裤上出现了红颜色的东西……我这是怎么了？难道生病了吗？为什么这些乱七八糟的事都发生在我身上，真是烦死了。天啊，我现在应该怎么办呢？

大多数女孩进入青春期，内心都是非常矛盾的，她们充满了各式各样的疑问：

“为什么我的胸部突然变大了？”

“为什么我的内裤上会出现红色？”

“天啊！怎么我的腋下长出毛毛了？”

“为什么被男生看，我就会很害羞？”

…………

每个女孩的成长都是破茧成蝶的蜕变过程，看到自己的身体悄然地发生变化，女孩们头上顿时围绕了一层困惑的迷雾，这些问题对女孩来说是神秘的，也是令她们羞于启齿的。

面对这些不可避免的身体变化，父母们应该怎样引导她们呢？如何呵护女孩的身心，让她们快乐而健康的成长呢？

方法一：预前为女儿传授一些生理知识

有一天，小洁发现自己的内裤上有一大片红颜色，感觉黏黏糊糊的，她非常害怕，不清楚这是怎么了。放学一回到家，小洁对妈妈说明了这个情况，妈妈听后马上带着她去超市买了一包卫生巾，教给小洁正确的使用方法，然后笑着说："我们家小洁长大了，以后经常会有'好朋友'来看你了。""难道以后我每天都这样？"小洁问。"不是天天有，是周期性的，一般一个月来一次，每次会持续三到七天。"

到了晚上，妈妈拉着小洁的手为她讲起了生理知识："一般来讲，女孩到 10～18 岁时，会出现月经初潮的现象，这也预示着女孩正式进入了青春期。女孩到了这个时期，乳房会隆起，还会长出体毛、青春痘等。"

父母在女孩青春期时有必要让女孩了解这些，让她知道成长所必须经历的过程，打消女孩心中的顾虑与疑惑，继而让她以平常心面对自己的身体发育，在成长的过程中做到心中有数，那么今后面临这些变化的时候，她也能妥善面对。

方法二：指导女儿树立正确的身体发育意识

慧慧是初中二年级的学生，进入青春期以后，面对胸部的变化，她感到十分的恐慌与害怕，她不知道这一切该怎样去处理，特别是自己鼓起来的胸部。为了不让胸部太扎眼，慧慧上网买了一款束胸，好让自己的胸部变得平坦一些，就这样，她把自己打扮成了一个假小子。

妈妈及时发现了慧慧的异常，并找她谈心。妈妈说："女孩到这个时候，胸部发育是很正常的事情，我们应该正确看待它，这就像个子会长高一样，要顺其自然，不要限定它的发展。”

慧慧问：“那为什么我的胸部会比别人大呢？”妈妈告诉她：“虽然每个人都要发育，但每个人开始发育的时间不是完全一样的，这与个人身体状况或者遗传基因有着密切联系。就像一把种子撒在地里，有的发芽早，有的发芽晚，有的人乳房大一些，有的小一些。”慧慧听后，终于明白了其中的原因，她开始正视自己的胸部，并注意保护它。

在成长的过程中，父母是最好的老师。在任何时候，父母都有责任与义务帮助女孩树立正确的身体发育意识。在女孩青春期时，父母应该教导她以一颗平常心来对待自己的发育状况，并指导女孩穿上适合自己的文胸。

作为女孩的妈妈，应把正确的穿戴方法手把手地教给女儿：首先，将调整带调至适宜的长度，再扣上背扣；松紧程度以一个手指可插入肩带内侧滑动为宜；接着，身体向前倾斜，用手将松散的胸部收到杯罩中，将脂肪尽量往胸部聚拢；最后检查一下背部的横带和胸前杯位底部是否成一水平，再扭动身体，看看是否活动自如，以感觉舒服为佳，最重要的是没有紧压感。

方法三：教给女孩预防青春期疾病的方法

青春期女孩经常会出现各种各样的感染性疾病，如阴道炎、白带增多、分泌物多、外阴痛痒等，还有一种典型病症是痛经，在女孩中尤为常见，常会影响她们的学习和生活。这时，需要父母们为女儿灌输一些卫生常识和健康知识，这样她们才能远离疾病。

在饮食方面，要让女孩远离一些生冷、辛辣的食物，保证鱼、肉、蛋、奶、豆类和蔬菜、水果营养的摄入；多吃谷类，供给充足的能量；避免暴饮暴食、偏食挑食及盲目节食减肥，少吃零食，养成良好的饮食卫生习惯。

平时注意引导女儿多参加一些户外运动，加强体育锻炼，以增强自身的抵抗力，以免出现痛经等状况。

女孩除了加强锻炼增强体质以外，还必须学会注意经期卫生。每日要清洗会阴部 1～2 次，并勤换洗内裤，保持干爽。最好不要用洗阴液，否则会破坏阴部的自净功能。

另外，还要叮嘱女孩，生活中一定要注意保暖，尤其是经期，不能喝冷饮，不要穿暴露装，不要用冷水洗头和洗澡。因为过强的冷刺激有可能使女孩子宫及盆腔内血管痉挛，引起痛经或月经骤停。总之，女孩养成了良好的卫生习惯和生活习惯，就一定会健康、平稳地度过青春期。

第 2 招

“不用你们管我！”

——青春期的女孩为什么如此叛逆

女孩的困惑

我已经是个中学生了，不再是小孩子了，为什么爸妈还要这么严厉地管着我？难道我不能有一点儿自己的自由吗？交什么朋友、上什么高中、什么时候学习……这些为什么我不可以自己做主？有时候我真想大声冲他们喊：“不要再管我！”

在小雨小的时候，爸爸是她最亲近的人。她每天都跟在爸爸的屁股后边，就像条尾巴一样。但是自从小雨进入青春期后，她突然变得非常奇怪，不仅不爱和爸爸待在一起了，还常常和爸爸发生矛盾。尤其不能让爸爸容忍的是，现在小雨脾气非常暴躁，动不动就摔门而去。前些天，小雨不知道和谁学会了说脏话，常常把脏话挂在嘴上。对于女儿的这些不良行为，爸爸苦口婆心地给她讲了很多道理，但是她根本听不进去，有时候还不耐烦地对爸爸说：“你别说了，真是太烦了。”后来爸爸也火了，每次发现小雨的不良行为时，都狠狠地骂她一顿，有两次还打了她。但是爸爸的打骂并没有把小雨教育好，爸爸后来甚至发现女儿常常故意气自己，只要看到自己生气她就非常高兴。现在爸爸和小雨的关系非常僵，爸爸常常困惑地想：用什么样的方法才能和女儿好好地沟通呢？但是这个办法他一直没有想出来。

当女孩进入青春期后，很多父母都会发现自己原来乖巧、可爱的女儿变了，变成了一个喜怒无常、情绪多变，动不动就和父母吵闹的“不安分子”。甚至有些女孩父母发现，自己原来那个懂礼貌的小女孩竟然动不动就吐脏字、说脏话，像小太妹一样，简直太叛逆了。

对于女孩在青春期的突然转变，父母们是难以接受的。于是，有些父母为了找回原来那个乖巧听话的女儿，不断给女儿施压，结果不仅没有达到目的，还和女儿的关系闹得很僵。

其实，对于女孩来说，青春期原本就是一个特殊的时期，出现叛逆、不听话是很正常的事，德国著名儿童学家夏洛特·彪勒就曾经把青春期称为“消极反抗期”。这是因为女孩一进入青春期，随着她们身心发展的日趋成熟，以及迫切希望谋求自己的独立性，让她们开始变得反抗老师、父母，甚至会把以前的良好品质及性格习惯掩藏起来。其实，她们只是通过这些反抗行为来证明自己已经长大了。

因此，父母不要把青春期女孩的叛逆看得太过严重，但也不能不闻不问，只要父母稍加正确引导，她们就会从叛逆的旋涡中走出来。下面就给因为女儿叛逆而头疼的父母们提供一些行之有效的方法：

方法一：理解尊重女孩，减少批评、指责和唠叨

小蝶已经12岁了，妈妈感觉到女儿已经进入青春期的叛逆阶段了，于是就找来一些有关女孩青春期的书来读，并把这些书介绍给小蝶，让她也了解一下自己的生理以及心理变化。妈妈发现，小蝶进入青春期后，确实改变了很多，不仅情绪多变，脾气也变得暴躁起来，那感觉就仿佛全世界的人都欠她什么东西似的。妈妈知道女儿的这些变化都是正常的，就坚持这样一个原则：理解尊重女儿，尽量减少批评和指责，更不要和女儿对着干。当然，小蝶和妈妈也有争吵的时候，每当争吵太激烈时，妈妈就尽快做出让步："妈妈不和你吵了，你的荷尔蒙又在控制你了。"小蝶也看过那些有关青春期的书，听了妈妈的话一下子笑了起来，气也消了。

很多父母看不惯青春期女孩的叛逆，不是没完没了地唠叨就是指责打骂，这样反而激起她们更强烈的反抗。这种做法是不对的。其实，青春期的女孩也懂得是非对错，只是体内的荷尔蒙在起作用，让她们控制不住自己。如果父母对她们加以理解和宽容，她们反而知道约束自己，不会走得太远。

方法二：面对孩子叛逆，引导比抱怨更有效

生活中，我们听到最多的就是父母对青春期女孩的抱怨，诸如：

"我们家女儿无可救药，就知道顶嘴！"

"女儿上了初高中最难管，她们不是逃课、上网，就是早恋，根本不知道学习！"

"我女儿就是一个'刁蛮公主'，脾气太坏，经常对我们怒吼！"

…………

青春期的女孩的确会存在各种各样的问题和叛逆行为，但父母的抱怨不但不会削减女孩的叛逆行为，相反还会起到负面效果，让女孩对父母的抱怨产生厌烦，进而变得消极起来。

因此，女孩父母们不要总是抱怨自己的女儿如何如何不听话、如何如何叛逆，而是应该多引导她们看到自己哪里做错了、哪里需要改正以及如何完善自己，这样，叛逆的女孩才会朝着父母期望的方向前进，也才会变得积极努力起来。

第 3 招

“我不想和别人一样”

——为何青春期女孩都爱追求个性

女孩的困惑

我最讨厌的就是每天穿着校服上学，我们学校的校服就像几十年前的工服，真难看。而且大家都穿一样的衣服，根本体现不出我的个性。我希望每天都能展现一个不同的我，不和别人重样，我希望我的发型是最个性的，衣服是最时尚的，我只是想和别人不同，可大家为什么说我太张扬呢？

有一位母亲这样讲述了女儿青春期前后的变化：

我女儿自从进入青春期之后，我发现她的装扮越来越夸张，尤其是她的头发隔一段时间就变个颜色，两只耳朵至少有 8 个耳洞。她说改变自己的发型和穿衣打扮，只是为了证明自己是个“时尚达人”。她认为如果自己总是保持同一个发型颜色，大家就会嘲笑她是“土包子”。而且女儿还说自己以前学习不好，老师和同学对她都没有什么影响。自从她改变路线变成“潮人”之后，大家就经常把目光放在她身上，并且都记住了她。她认为是自己的“个性”让她成为人群中的焦点，那种感觉很令她开心。

黄头发、烟熏妆、爆炸头、夸张的头饰……这些时常把自己打扮得花里胡哨的女孩子，大多都正处在青春期。但从上述事例可见，青春期女孩追求个性无非是为了满足自己两方面的心理需求：一方面是归属感的要求，因为青春期的女孩渴望融入同龄人的团体，但又怕被团体成员讨厌和抛弃，所以她们只有通过个性的外表和着装与团体保持一致，以此来满足她们归属感的需求；另一方面是女孩渴望成为“焦点人物”的心理需求，青春期女孩都渴望成为他人关注的焦点，于是学习好的通过“好成绩”体验美好的感受，学习不好的哪怕作为“反面教材”也想满足一下被关注的心理需求。

那么在了解了青春期女孩追求个性的缘由之后，作为父母的我们应该如何引导她们呢？

方法一：认同女孩的个性，而不是妄加指责

一位母亲的教育经验是这样的：

一天，我出差回到家发现女儿不但染了黄头发，打了耳洞，而且穿着一条破破烂烂的裤子，当时就震惊了。这时，女儿有些得意地对我说：“妈，怎么样，是不是很漂亮很潮？”我虽然心里很不喜欢女儿这样的装扮，但还是欣赏地说道：“黄色的头发挺个性的，耳钉的造型也很别致。”女儿有些吃惊地说：“妈妈，我以为你回来会痛骂我一顿，我都做好挨骂的准备了。”妈妈笑着说：“傻丫头，我为什么骂你？我像你这个年纪的时候，也追求过个性。可是，你们学校让染头发、打耳洞和穿这样的裤子吗？”女儿想了想，有点郁闷地说：“我还是变回以前吧！”

由此可见，当你先认同青春期女孩的个性，反而更容易引导她们自然放弃那些奇装异服的“个性”。因为，青春期的女孩毕竟是叛逆的，你越是指责和阻止她的一些自认为很引人瞩目的行为，她就越会对着来。所以，父母首先认同青春期女孩的个性，是引导她们正确行为的第一步。

方法二：忽视女孩“个性”的同时加以引导

有这样一个小笑话：

一天，妈妈问青春期的女儿想要什么样的裙子。女儿想了想，回答说：“就买那些你最看不顺眼的吧。”

虽然只是一个小笑话，但它也反映出青春期女孩和父母之间不同的审美观。在大多数青春期女孩看来，染头发、化妆、打耳洞、留个性的发型……这些都是“酷”“潮”“时尚”的一种表现，但大多数父母却无法理解。不过，父母对待青春期追求个性的女孩，应该采取既忽视又引导的方法。

乐丹上高一那年，她突然对自己的头发产生了很大兴趣，看到有女生把头发染成紫色，她也就去尝试了。但是爸爸非常讨厌女儿把自己打扮成这样，总是建议她重新染回黑色，但乐丹嘲笑自己的父亲是个“土老帽”，说那是国外现在最流行的发色。后来，爸爸干脆不管她，而是想到一个好办法。爸爸知道女儿很崇拜自己一个跳芭蕾的朋友，所以他打算让她们见上一面。但在去之前，爸爸要求乐丹一定要戴上帽子。

没想到，就在乐丹和爸爸出发的前一天，她修剪了头发并染回了黑色，乐丹是这样对爸爸说的：“老爸，我想你朋友也和你一样不喜欢我的头发，所以我就把它染回来了。但说不定哪天我还染回去。”

瞧吧，青春期的女孩就是这样，当你忽视她的个性，她就不会硬着和你来；而当你适当引导她，她又会很自然地接受你的引导。所以，不要总是责怪女儿的“标新立异”，选择忽视她的个性行为，其实就是最好的解决办法。当然忽视的同时你要引导她正确看待所谓的“个性”，例如让她意识到大家并不喜欢她张扬的发型、夸张的服饰等。

第 4 招

“看见枯萎的鲜花就难过”

——我的女儿为什么那样多愁善感

女孩的困惑

最近看完《红楼梦》我也觉得自己快变成林妹妹了，经常为故事里的人物命运哀叹，只要一想到最后的悲惨结局，我总是忍不住落泪。而且我觉得自己越来越感性了，动不动就哭鼻子，以前我不是这样的啊……

女孩一进入青春期就会发现“感情真是一件复杂的东西”，于是那些敏感、细腻的女孩就会随着感情的起伏变得伤春悲秋。例如有些女孩看见路边枯萎的鲜花就很难过，读到一个伤心的故事也会泪流，在本来美好的青春时光里，她们却多愁善感起来。

其实，多愁善感在公元 2 世纪的时候就被看成一种疾病。希腊著名的医生、解剖学家加连发现一些病人常常会陷入一种极端消沉的状态，他们时常感叹人生无常、生命短暂、人生孤独，就连窗外飘落的树叶也会让他们泪水涟涟。最重要的是这类“多愁善感”的病人往往先于其他病人死去。于是加连医生就把这种现象写进了他的著作中，并把“多愁善感”归类于精神疾病。所以，父母们千万不要忽视那些多愁善感的青春期女孩。

一位母亲曾这样讲述自己的女儿：

我女儿今年上高二，她从小就是一个多愁善感的女孩。她不能听那些悲伤的故事，每次一听就哭得一塌糊涂。到后来，就连那些喜剧电影里的感人镜头也会让她哭泣。我不知是她太过善良，还是太过多愁善感。有时候看《动物世界》的时候，每次出现小动物被伤害的镜头，她也会一边看一边流眼泪。

这个女孩多愁善感的程度实在有些深，如果父母不稍加引导，像她这样一个整日悲悲切切、郁郁寡欢的“林黛玉”，是不可能坚强勇敢地应对学习、生活中出现的那些各种各样的挫折和困难的。

所以，实际生活中父母应该仔细观察青春期女儿的各种情绪和行为，采取正确的方法引导她们的“多愁善感”，教会她们如何坚强、自信、乐观地面对不好的事情。

方法一：让女孩远离那些伤感的故事书和电视节目

心理学家曾通过研究发现，现实中的人们都有一种惯性思维，比如，本就多愁善感的人，偏爱看一些伤感、催人泪下的书籍或电视节目，长此以往，必将更加敏感、脆弱。所以，如果你的青春期女孩多愁善感，那么就要让她尽量远离那些伤感的故事书和电视节目，不要刺激她敏感的神经，而是选择让她多接触一些积极、乐观、轻松的书籍和电视节目。

下面这位母亲就做得非常好：

我知道女儿非常爱哭，有时看着我给她新买的古典小说，她的眼泪就会一滴一滴地落下来；有时，她坐在电视机前看电视节目，也会被节目内容感染得忧伤不已。我知道女孩子大多敏感、善良，她们内心深处都有一颗非常脆弱的同情心，但我并不想看到女儿整日忧心忡忡的样子。我希望她快乐，我不要家里有个“林妹妹”。所以，我下定决心要把女儿从“多愁善感”中解救出来。

于是，我给女儿买了很多有意思的搞笑漫画书和喜剧影碟，平时我们也常看喜剧电视剧，我们还经常给女儿讲一些小笑话，逗她开心。现在，女儿变得开朗、乐观、自信起来，再也不像以前那么多愁善感了。

方法二：学会转移“伤感公主”的注意力

一位母亲的教育经验是这样的：

一天，我和上高二的女儿一起去看电影。电影讲述的是一个很忧伤的故事，结果多愁善感的女儿好长时间都不能平复自己的心情，脸上总有一种忧愁的神情。我知道后，开始转移女儿的注意力。我知道女儿非常喜欢音乐剧，便问她：“听说，你前两天和朋友去大剧院看了音乐剧，那个演出怎么样，是不是很精彩？快给妈妈讲一讲，有没有特别优美的片段？”女儿一听我聊起了音乐剧，顿时也来了兴致，便忘记了那个忧伤的电影。

很多时候，女孩悲伤的情绪只是短暂性的，如果不及时帮助女孩从这种不良情绪中解脱出来，她可能会一直沉浸在这种忧伤的氛围之中，变得更加多愁善感。所以，当青春期的女孩突然沉浸在多愁善感中时，我们就要想办法把她的注意力转移到那些有趣、开心的事情上去，以便让她能快速地从那些悲伤中解脱出来。

第 5 招

“我没什么话想说”

——为何女孩与父母的关系越来越疏离

女孩的困惑

小时候我和爸妈的关系很亲近，但是到了初中之后，爸妈还拿我当小孩子，可我已经长大了。所以，我开始变得和父母有些疏远，有什么事情习惯自己做决定，但老妈却说我“翅膀硬了”，管不住我了。难道我不想和他们说话也要逼着自己说吗？

伊凡一直在父母的呵护下成长，对父母也十分依赖。但是，自从进入青春期后，她与父母的交流少了，做事也通常不问父母的意见就自行决定，而且与父母的关系仿佛也日渐疏远。妈妈常感叹：“真是女大不由娘呀！”

现在，每天放学回家，伊凡就钻进自己的小屋，锁上门，不理父母。吃饭时，她也默不作声，“专心致志”地吃自己的饭，要不就是父母问一句，她答一句。不到万不得已，从不与父母说话，父母想和她沟通都很难。

现如今很多家庭都有伊凡父母的这种烦恼，因为父母们根本不知道自己哪里做错了，结果惹得青春期的女儿和自己越来越疏远。其实，女孩父母们不必为此忧心，因为这是青春期女孩的一种正常表现。就像儿童心理专家说的那样：女孩进入青春期后，有一个非常明显的表现，那就是与父母之间的距离不知不觉地被拉大了。

为什么女孩会在青春期和父母疏远呢？因为从心理学角度来讲，青春期的女孩承受着很多压力，如学习压力、身体变化压力、性意识产生的压力等。很多时候她们想要发泄这种压力，但是又不好意思找父母，于是宁愿埋在心里或者把“心事”跟朋友倾诉。

虽然青春期的女孩不愿意和父母“交心”，但这不代表我们就要放弃拉近女儿和自己关系的努力。下面这些方法或许可以帮助父母们：

方法一：与青春期女儿的好朋友保持沟通

天曼什么事情都不喜欢和父母说，但是她的一举一动，妈妈却了如指掌。这一切都得益于天曼的好朋友晓雪。

有一次，晓雪到天曼家玩，趁天曼去楼下买饮料的机会，天曼妈妈悄悄地问晓雪：“晓雪，这段时间天曼和你说了什么悄悄话啊，能讲给阿姨听听吗？我也很关心她的心事。”

“阿姨，天曼最近确实有一件心事，可我答应她要保守秘密，不能告诉别人。”晓雪有点为难。

“这件事我估计你们俩也不知道怎么办吧，阿姨是过来人，比你们的经验丰富，一定能帮天曼摆平。”

“是这样的，阿姨，天曼喜欢上了隔壁班的一个男生，但那男生好像并没有注意到天曼，天曼又不好意思表白，内心很苦恼。”

就这么一旁敲侧击，天曼妈妈就知道了女儿最近的心事，于是妈妈给天曼上了一堂早恋教育课。后来据晓雪反映，天曼不再为那事烦恼了。

现在，天曼妈妈一直都与晓雪保持着“通气”，只要女儿那儿有什么“风吹草动”，晓雪都会及时地转达给她。

天曼妈妈的做法很值得其他女孩父母借鉴。虽然一进入青春期，女孩就不再是小孩了，但在成长的过程中，她们的确又会遇到很多的问题和烦恼，而她们各方面能力有限，唯一能做的就是向朋友倾诉。倾诉完了，她们依然手足无措。因此，如果父母从女孩的朋友着手，与其保持联系，那么就可以掌握第一手资料，从而发现自己女儿的问题，并帮其解决。

事实上，青春期的孩子都很讲义气，她们乐意帮忙好朋友的事情，也很尊重好朋友的父母。因此，与女儿的好朋友保持联系，是父母了解青春期女儿的一个非常好的途径。

方法二：与青春期女儿的老师保持联系

有一位父亲的教育经验是这样的：

最近，女儿情绪很糟，每天都板着个脸，看她这个样子，我既心疼又着急。问她发生了什么事情，可她就是沉默不语，问烦了就冲我大喊“别烦我”。

于是，我给女儿的班主任打了个电话，询问女儿在学校里有没有遇到什么事情，为什么最近情绪起伏这么大呢。班主任告诉我，前几天，女儿去找他调换座位，说是与同桌发生了点小矛盾，但是他没有答应。

这下，我明白了，女儿之所以脸色臭，是因为和同桌发生了矛盾，欲“逃”不能。

弄清事实真相后，我与女儿认真地谈了谈，并告诉她：逃避不能解决问题，时间也并不会平息内心的压抑，我们应该做的就是坦然地面对问题，以一颗宽容的心去理解他人。

虽然女儿没有告诉我接下来的事情，但从她的欢声笑语中，我能够感受到这场矛盾顺利化解了。

对于很多父母来说，老师可能只是“传道授业解惑”。其实不然，通过与学生在课堂上的接触，老师常常能够敏锐地了解她们情绪变化的原因。例如，怒目圆睁，气鼓鼓的，可能是因为受到老师的批评；她今天一直脸色臭臭的，可能是因为没有回答上老师的问题而觉得“丢面子”了……如果女孩父母们常常与老师保持联系，那就可以从老师的讲述中，推测女孩情绪变化的原因，进而引导女儿，化解她的不良情绪。

第 6 招

“不准偷看我的日记！”

——父母该不该窥探女儿的隐私

女孩的困惑 

我妈真是太过分了，同学给我打电话她就在一旁盯着我，而且还趁我不在家的时候偷看我的日记。她难道不知道自己在侵犯我的隐私吗？为什么她就不能给我一点自己的秘密空间呢？

当女孩进入青春期后，她们开始有了自己的小秘密，在父母面前也不像以前那么透明了。还有的女孩把自己的日记上了锁，以应对父母的“检查”。

正因为女儿的这些变化，父母对女儿更加“关注”了：女儿为什么把日记上了锁呢？她不会是有什么小秘密吧？难道她在背着我们谈恋爱？……在这种心理的推动下，很多父母都不放过女儿的日记本，也常常因此和孩子产生矛盾。

有一个 14 岁的女孩在网络日志中这样写道：

我一直都有写日记的习惯。每次写完日记，我都把日记本放到自己的抽屉里，然后再把抽屉锁起来。前几天我打开抽屉去拿日记本，发现日记本明显被人动过，我当时就明白发生了什么。

我非常气愤地对爸爸妈妈说："你们为什么偷看我的日记？你们不知道这是侵犯我的隐私吗？"

可妈妈竟然装作不知道的样子，说："你的抽屉不是上锁了吗？妈妈又没有钥匙，怎么会偷看你的日记呢？"

我气恼地说："看了就是看了！"

妈妈看了我一眼说："妈妈确实看了你的日记，不过妈妈看你的日记也是关心你啊。"

我说："偷看别人日记是违法行为，你应该向我道歉，并且保证以后再也不偷看我的日记。"妈妈看见我一副不依不饶的样子，也生气了："你是我女儿，我有权看你的日记，也有权教育好你！"

我见妈妈不肯给我道歉，便和她吵了起来，最后我还气哭了。第二天，我一下子买了三把锁，同时锁在了抽屉上。

像这样，如果父母没有经过女儿的允许，就随意打开她的日记本，偷看里面的内容，被女儿发现后自然会引发彼此之间的信任危机。这样一来，女孩便不再相信自己的父母，并且更紧张于自己的日记内容，或者干脆放弃写日记，以防父母发现自己的"秘密"，但这同时把女孩宣泄感情的通道给堵死了。如果女孩不能把心中的不良情绪及时发泄出来，那么慢慢地她便会变得忧虑、抑郁、消极。

因此，父母不要把女儿当作自己的"私有财产"，而是应该尊重她的一切，当然也包括她的隐私。

方法一：不要随意窥探青春期女孩的隐私

我们每一个成人都希望有一定的个人空间，也希望保有一定的小秘密，即使对最亲近的人也是如此。同样的道理，我们虽然是女儿最亲近的人，但是女儿长大了，也希望保留自己的小秘密。孔子曾经说过："己所不欲，勿施于人。"既然我们自己也希望保留一定的自由空间，那么就不应该去窥探女儿的隐私。如果我们窥探过女儿的隐私，并被女儿发现了，就应该向女儿道歉，并向女儿保证以后再也不会出现类似的情况了。这样，女儿才不会对父母产生信任危机，也不会在心中树起一把“锁”。

方法二：选择信任自己的女儿

在安安12岁生日时，爸爸送了她一件礼物——一个带锁的笔记本。当时安安非常高兴，但有点儿不好意思地说：“老爸真了解我。”

爸爸对她说：“爸爸送给你一个带锁的笔记本，是因为你长大了，也需要有自己的小秘密了，爸爸理解并支持你想拥有秘密的愿望。”

安安说：“很多父母都会偷看女儿的日记，难道你就不想知道我心中的秘密是什么吗？”

爸爸说：“别的父母偷看女儿的日记是因为他们不信任自己的女儿，而我非常相信自己的女儿，爸爸相信你能把自己管好。”

安安听了这话非常高兴，甚至还喊了两声“老爸万岁”。爸爸顿了顿，接着对女儿说：“不过爸爸给你一个带锁的笔记本并不是想让你把心锁起来，爸爸希望你能经常和我们聊聊天、谈谈心，有什么需要帮助的和爸爸妈妈说一声。爸爸妈妈相信你，你也要相信爸爸妈妈。”

安安点了点头，非常愉快地答应了爸爸的要求。从那以后，爸爸和安安都对对方保持着充分的信任，相互间不仅没有隔阂，而且关系更加紧密了。

其实，慢慢长大的女儿将抽屉、日记本上锁，并不一定代表她们有了什么小秘密，也不一定代表她们早恋，这只是她们有了独立意识和自尊意识。即使真的怀疑女儿有特殊的秘密，父母大可直接委婉地去问女儿，这样也比窥探女儿的隐私更能让她们接受。我们只有信任自己的女儿，才会获得女儿的充分信任，因为人与人之间的信任是相互的。

第 7 招

“为什么我控制不住自己”

——青春期女孩的脾气变大了

女孩的困惑

最近也没有什么人招惹我，但我就是忍不住想要发火，有时候明明别人没有做错，但我还是任性地发脾气。我很讨厌这样的自己，但我就是控制不住自己，我该怎么办呀？

一位妈妈曾苦恼地对青少年咨询中心的专家说：

我女儿小时候特别乖巧、听话，但是越长大越不像话，特别是进入青春期后，她就像换了个人似的，经常挑我的毛病。例如，饭菜不合口，衣服搭配不顺心，说话啰唆……总之，她开始公然挑战我的权威。

我经常被她气得头昏脑涨，吵架便成为我们沟通的唯一方式。因此，在家里女儿几乎天天臭着脸，甚至还常常因为一点小事而把门摔得“哐哐”响。

女孩给人们的印象一直都是伶俐、乖巧、懂事的，上面这位母亲却给我们呈现了一个不一样的女孩。难道她的女儿是个例外吗？

当然不是，很多青春期的女孩都比较冲动、急躁，常常会对父母莫名其妙地发脾气，有些女孩发脾气的频率和方式，甚至比男生还要严重。

为什么乖巧的女孩一进入青春期脾气就变得这么大呢？其实，青春期女孩的坏脾气的形成是有一定原因的。首先，女孩进入青春期后，身体处在第二个迅速发展期。在这一阶段，女孩体内的激素大量分泌，在这些激素的影响下，女孩变得越来越暴躁，脾气很大。其次，女孩的自我意识日渐成熟，她们时常把自己当成大人，但由于缺乏生活经验，常常碰壁，接受不了理想与现实的差距，所以情绪很不稳，变成了“急脾气”。

那我们到底如何理解青春期“火气大”的女孩呢？

方法一：无论如何都要认同女孩的情绪

场景一：13 岁的瑞妮觉得黄色的上衣很难看，所以拒绝穿它上学。但是母亲非要说黄色的上衣很漂亮，并且给她讲述了一大堆黄色上衣搭配的知识，没想到不但没有说服瑞妮穿黄色上衣，反而让她对母亲发了一顿脾气，最后早饭都没吃就穿着半干的衣服去上学了。

场景二：15 岁的可云回家后心情很不好，而且抱怨母亲没有做晚饭。看到女儿满脸怒气，妈妈放下手上的家务活走到她身边，关切地问她发生了什么事，女儿于是就把在学校遇到的烦心事讲给妈妈听。妈妈一直耐心地听着，并且选择站在女儿这一边。最后，可云的情绪好了很多，还帮助妈妈做晚饭。

瞧，父母两种不同的教育方式，造就了女孩完全不同的行为。从场景一中，我们可以看到，女孩认为黄色的上衣不好看，妈妈摆出了各种各样的理由说服她，结果却不尽如人意：妈妈越是试图说服女孩，女孩越是坚持自己的观点，进而产生更多的负面情绪。

在场景二中，当女孩产生负面情绪时，妈妈认同了她的情绪，并对女儿的遭遇表示了同情。因此，在得到妈妈的认同之后，女孩的负面情绪减少了很多，甚至主动帮助妈妈一起做晚饭。

由此可见，当我们发现自己的女儿有不良情绪的时候，最佳的解决方式就是首先认同女儿的情绪，然后等她的情绪平静下来，再对她进行引导和教育。

方法二：教女儿如何宣泄情绪

对于青春期女孩的坏脾气，很多父母费尽心机地琢磨：如何才能让她们学会控制自己的情绪呢？结果试了很多种方法，却没有任何效用。

本来青春期女孩的坏脾气、爱冲动有大部分是受她体内过剩生长激素的影响，很难避免。所以当你想要让她们控制自己的情绪，也就是要让她们和体内的生长激素抗衡，这显然很困难。而且女孩对自己的坏脾气也会感到莫名其妙，她们发完脾气后也很自责，不知道为什么控制不住体内的那团火。

但这并不表示我们没有办法改善青春期女孩的坏脾气，我们可以告诉她们一些宣泄情绪的方法，在不影响他人的前提下，释放自己的负面情绪。

例如，父母可以尝试这样几种方法：

当女孩的坏脾气将要"爆发"时，家长可以这样告诉她：如果你感觉自己内心有怒气，就把自己关在房间拿枕头出气吧！

当女孩发怒时，家长可以暂时把她带出生气的环境，然后做一些消耗体力的活动，如打羽毛球、乒乓球等，以分散女孩的注意力。

…………

当然，在这一过程中，父母不能问女孩发生了什么，否则会使她陷入负面情绪中不能自拔。当她们的内心恢复平静时，也许她们就会主动把那件困扰自己的事情告诉你。

第 8 招

“我不需要任何朋友”

——引导孤独自闭的女孩敞开心扉

女孩的困惑

小学的时候我有很多玩伴，但是到了初中之后，我似乎更愿意一个人待着，有时别人想和我交朋友，也被我冷冰冰地拒绝了。有时候我觉得一个人的世界挺好的，简单，轻松，但有时候看别人一起玩得很开心，我也会很羡慕。我为什么这么矛盾呢？

心理专家认为：“青春期孩子的孤独是他心理成熟的标志。它意味着一个人开始把自己的兴趣从对外界的关注中撤回来，返回到了自我，试图了解自己是怎么一回事，开始思考人生的价值和意义。这时将目光转移到自我内心体验，是一件好事，家长不用过于担心。”没错，孤独对于青春期的女孩来说就像一件“必需品”，会促使她们有时间、有空间地去思考一些东西。

不过，任何一种情感体验过度了都会产生不良后果，青春期女孩的孤独亦是如此。孤独对于大多数青春期的女孩来说是一种情感压抑的状态，会让她感到空虚和寂寞，而那些患有孤独症的青春期少女很可能会对现实失去生存的欲望，只愿活在自己狭窄的心灵世界里，有的甚至选择结束自己的生命。

有一位母亲给青少年心理咨询专家讲述了自己女儿的变化：

女儿大了真操心，小时候你说什么她听什么，可是现在变得脾气可大了，主意多了，你说她两句，她就板起脸来对你吼："我这么大了，不要你管我！让我一个人静一静行不行？"以前我还能听到她每天回来给我说学校里的趣事，也会看见她像个"孩子王"似的带着其他小朋友玩，可是现在她什么话都不对我讲，也不喜欢和朋友交往了，整天就像个"独行侠"似的。很多时候，一放学就把自己关在房间里，真不知道她一个人在做些什么，想些什么……

的确，青春期女孩的过度孤独很容易让父母担忧，因为时间一久，很可能导致女孩患上孤独症或自闭症。因此，作为父母，我们必须想办法让孤独的女孩学会敞开心扉。

方法一：多给孤独的青春期女孩创造接触社会的机会

青春期女孩很容易冲动、浮躁，所以，必须给予她们适当独处和反省的时间，但父母要掌握好"度"，不能让孤独成为女孩健康成长的绊脚石。因此，作为父母，我们应该给自己孤独的青春期女儿一些接触社会的机会。

向薇今年15岁，她很有自己的想法和主意，但就是有些孤芳自赏，不太喜欢和别人一起玩，同学们也都渐渐不理她了。向薇的爸爸觉得这对女儿的成长并不好，但如果直接让女儿去跟别人交往，她一定很反感。所以，爸爸就经常带她出去玩，让她多接触社会。例如全家人一起旅游、参加公益活动、看音乐剧等。一段时间后，爸爸发现女儿的朋友多了起来，也学会了很多道理，并且女儿在学校也开始赢得大家的好感，结识了很多好朋友。后来，爸爸发现女儿独处的时间少了，出去参加集体活动的时间越来越多了，整个人也变得阳光了。

看吧，没有人天生就喜爱孤独，人毕竟是群居性动物，需要朋友和集体生活。所以，多给青春期孤独的女孩创造接触社会的机会，这不但会增长她的阅历，也会让她发现与人交往的好处。

方法二：鼓励青春期女儿多与同学交往

夏丹从小就有些内向孤僻，妈妈以为她长大以后可能会好点，可是她上了初中之后，依然喜欢独来独往，家里也从来没有她的同学来过。周末、假期也是常常一个人待在家里看书、看电视。妈妈很担心女儿这样下去会对她以后的生活产生不良的影响，所以妈妈开始鼓励夏丹试着跟同学多交往。刚开始，夏丹很害怕，她担心同学们都不喜欢她，而且因为她的不善交流，跟同学产生了些不愉快。但是妈妈鼓励她不要放弃，而且帮助女儿想办法和其他人交流，妈妈每天还抽出一定时间锻炼女儿和陌生人说话的勇气。渐渐地，妈妈发现女儿与人交往有信心了，在学校里她也成功结交了几个好朋友。

培根曾说："没有真挚朋友的人，是真正孤独的人。"其实，青春期的女孩虽然渴望独处，但她们更渴望融入集体之中，希望自己身边围满朋友。

所以，我们应该尽量让青春期的女孩和同学在一起，让她学会和同学、朋友一起分享忧愁和快乐，而不是因为过度担心她会交到坏朋友，任意阻断她的人际交往之路。

第 9 招

"我也想要耐克鞋"

——如何让女孩远离虚荣和攀比

女孩的困惑

我不希望因为老土、廉价的穿着成为同学嘲笑的对象，我也想穿高档而又美丽的衣服，让其他女生羡慕。但是我们家没有这么多钱给我买名牌衣服。为什么我爸妈不是富翁呢？为什么我就是那么渴望功名利禄呢？

从心理学角度来说，虚荣、攀比是青春期女孩的一种性格缺陷，是一种被扭曲了的青春时代的自尊心，而这主要是由家庭原因造成的。很多中国家庭的父母习惯对女孩进行无意识地娇宠和溺爱，而这自然容易养成女孩虚荣、攀比的心态，致使她的欲望无限地膨胀。

女孩一旦进入青春期，随着身体、心理各方面的发展，她对自身外貌、衣饰、面子等问题就会更加关注，例如有的女孩会关心自己容貌是否美丽，衣服是不是时尚，在朋友圈受不受欢迎，等等。其实，归根结底这些都是青春期女孩的虚荣心和攀比心在作祟。

一位母亲讲述了这样一件关于女儿的事情：

我女儿今年刚上初一。有一天，她放学一回到家，就拿出自己的成绩单对我们说："爸爸，妈妈，我语文考了89分，数学考了88分，英语考了90分！"我们都很吃惊，因为女儿平时语文和数学成绩一直在70分左右徘徊，英语更是常在及格线上游荡，在班级的成绩处于中下等水平，现在怎么进步这么快？第二天，我送女儿去上学，顺便向她的班主任询问了成绩的事情，结果一问才知道，原来这孩子涂改了成绩册，把69和68改成了89和88，把70改成了90，而且女儿在学校经常对别人说："我身上穿的都是名牌，吃的都是电视广告里推荐的食物，学习成绩也一直名列前茅！"

看，这就是女孩子为"死要面子"弄虚作假，这不得不引起我们的警惕和反思。下面就给青春期女孩的父母们提供一些引导女儿消除"虚荣""攀比"心理的教育方法：

方法一：引导女孩多和优秀的人比品质、比学习

中国有句古语："高比，所以广德也；下比，所以狭行也。比于善者，自进之阶；比于恶者，自退之原也。"大意是说，人要和比自己德行高的人比，这样才能更完善自己，反之，只会使自己的德行减退。所以说，我们应该引导青春期女孩多和那些优秀的人比品质、比学习、比心态，这样才能帮助她们树立正确的价值观、人生观、道德观。

一个高二的女孩在微博上这样写道：

父母一直教导我要多和那些品质优秀、学习努力的人比，要多问问自己：别人比我优秀在哪里？于是，我发现有的人比我开朗活泼，有的人比我热心助人，有的人比我善用学习技巧，有的人比我勤快……通过这些自我反省和比较让我意识到自己的不足，我自己也知道应该往哪个方向努力，所以现在的我各方面进步都很快。

看吧，只要你引导女孩意识到多向比她强的人学习，那么具有进取心和好胜心的女孩就会多学习别人身上的优点，然后来不断完善自己。所以，在平时的日常生活中，父母应该时常引导女孩多和优秀的人“攀比”品质、习惯、能力等。

方法二：引导女儿在物质上和最差的比

一天，上初二的女儿放学后对爸爸说：“老爸，给我买一套耐克运动服，我们校庆运动会要穿。”

爸爸问她：“老师要求你们必须都穿新买的耐克运动服吗？”

女儿笑笑说：“老师是没有要求，可到时候肯定很多人都穿着名牌参加，我不想被大家笑话。”

爸爸不信地问：“真的吗？”

女儿马上说：“当然是真的！今天在学校大家都说开了，说是在校庆运动会上穿什么牌子的衣服，还有个同学特意让他爸从欧洲给他买运动服呢。我就不让您费飞机票去欧洲了，给我一套耐克就行。”

其实，青春期女孩和那些物质上最好的比，是一件非常糟糕的事情。因为每个人的家庭经济状况不同，如果女孩因为虚荣和那些家庭富有的比吃、比穿、比玩，很容易产生巨大的落差感，也会对父母提出更多的无理要求。假如父母不能满足她们的物质要求，那么她们很可能为此走上错误的道路，甚至毁掉自己的一生。

因此，我们应该引导青春期女孩多看看那些比自己生活条件差的人，让她体会到自己在物质上已经比很多人优渥、幸福，例如引导女儿看一些贫困地区的新闻报道和图片，节假日带她去体验“苦日子”，鼓励她多参加捐助福利院的公益活动，等等。

第二章

一定别和女孩做对

良好的沟通是引导的前提

很多父母发现，女儿一进入青春期，就不好相处了。有时候动不动就莫名其妙地发火，甚至不理人。当两岁的小女孩说“不”时，父母会感到好笑和惊奇，如果有麻烦了吼一顿就能解决问题。然而，当十五六岁的女孩大声说“不”时，父母多会感到恐慌和刺痛。

女儿是亲人不是敌人，当女儿和父母之间产生矛盾时，如果父母能多给她们一些谅解，多跟她们坐下来好好地沟通一下，让她们明白你的需要，同时，也让她们知道你明白她们的心情和需要。多进行换位思考，你就会发现女孩们的真实感情，这样相处起来也就容易得多了。

第 10 招

女孩最直接的榜样

——母亲在教育中扮演什么角色

女孩的困惑

周末和妈妈一起去逛街，正赶上一家服装店大促销，很多人都在争买便宜的衣服。妈妈拉着我也挤进这股人潮，好不容易结完账出来之后，妈妈笑着神秘地对我说："刚才趁人不注意，我给你拿了一条裙子，没花钱。"听到这里我很生气，妈妈怎么能这样呢？

"决定未来的是孩子，决定孩子的是母亲，民族的未来掌握在母亲的手中。"这是法国著名作家巴尔扎克说过的一句名言。没错，母亲给予了女孩宝贵的生命，更对她的言行、品德、习惯等产生重要影响。

女儿将来在她的家庭中的地位是由母亲在家庭中的地位决定的；

女儿的生活习惯是由母亲在日常生活中的一些细节决定的；

女儿的恋爱观、婚姻观是直接受母亲对婚姻的观点、看法影响的；

女儿将来如何处理事业和家庭是由母亲是事业女强人还是以家

为重的贤妻良母决定的；

女儿将来的个性和品德是由母亲是否善良、是否乐观自信、是否有主见等决定的；

…………

其实，青春期女孩像上面这样仅仅在日常生活里和母亲接触的各个细节中，就能感受到母亲所传递的对于女人、男人、自我以及生活的一些观念。

有人说，一个心胸宽阔的母亲让女孩学会展望美好未来；一个坚强的母亲会教女孩在困难面前不胆小、怯懦；一个冷静镇定的母亲会使女孩学会坚忍不拔；一个有修养的母亲会铸就女孩的品质；一个文化高深的母亲会影响女孩的深刻思考；一个善良的母亲会让女孩懂得悲天悯人……

由此可见，母亲在女儿的生命中占据非常重要的作用，更扮演非常重要的角色。例如有时母亲在青春期女儿的教育中扮演着“心理医生”的角色，为女儿解决一些青春期遇到的问题；有时，母亲的角色是女儿心中的“榜样”，她可以从母亲身上学到美好的习性和品德；有时母亲的角色是“朋友”，这样自己就可以更贴近青春期女儿的内心，与她沟通、交流一些青春期的“秘密”。

除此之外，母亲还可以通过下面这些方法去影响和教育青春期女孩：

方法一：母亲要提高自己对生活的满意度

有一位母亲遇到了关于女儿的这样一件事情：

我12岁的女儿不但是个“小唠叨”，而且经常抱怨，这让我实在想不通是怎么回事。于是，一天老公下班回家，我就特意把他叫到了书房，和他谈起了女儿的事情：“你觉不觉得咱家女儿越大越奇怪，小小年纪不但话很多，而且常常抱怨这抱怨那，一会儿说我做饭不好吃，一会儿怨我没给她把衣服洗干净，这孩子进入青春期之后怎么这么奇怪！”谁知，老公无奈地看了我一眼，说：“女儿变成这样，还不都是因为你！”

我瞪大双眼说：“这和我有什么关系？”

老公说：“怎么和你没关系？你想想看，自己平时是不是总爱唠叨，经常在女儿面前说我不帮你料理家务，又说我懒散，而且不是抱怨水费贵，就是抱怨物价涨，好像你身上就没有发生过什么好事。女儿整天和你在一起，耳濡目染之下总会影响到一点儿，她现在变成这样，活脱脱就是你的小翻版。”

没错，母亲平时的言行举止对女儿的一生都影响很大。曾有一项调查显示：母女关系的好坏，很大程度上取决于母亲对生活的满意度，而且母亲对生活的态度会直接影响女儿对生活的态度。

因此，为了让青春期的女孩能有一个更加乐观、积极的生活态度，母亲最好停止自己的唠叨和抱怨，以一颗积极乐观的心对待生活中的一切，提高自己对生活的满意度。

方法二：用自己高尚的行为和思想去影响女儿

母亲送给青春期女儿最好的人生礼物无疑就是美好的思想和品德。如果母亲孝敬老人，和睦邻里，富有爱心和同情心，那么她的女儿也会模仿着这种良好行为，变得和善、孝顺、乐于助人起来。所以，母亲要用自己高尚的思想和行为去影响青春期女孩。

有一位母亲的教育经验是这样的：

我从小就教育女儿要孝敬老人，关爱他人，并且用自己的行动为女儿做出了榜样。我的婆婆住在乡下，因为年迈生病，我经常抽出时间去照顾她。有一次暑假，婆婆又不小心摔断了腿，没办法独立生活了，而我刚好有一个很重要的暑期培训，这时，13岁的女儿便自告奋勇地说：“妈妈，我已经上五年级了，已经有能力照顾奶奶了，你就去参加培训吧，让我去照顾奶奶！”老公不想让女儿做太大牺牲，但我说：“就让她去吧，她会从中学到很多在学校里学不到的东西。”

于是，那年暑假女儿真的搬到了她奶奶家。在那里，她每天给奶奶做饭、陪奶奶聊天、帮奶奶洗衣服……当然，面对暑期作业和没有玩伴的孤单，女儿沮丧过、寂寞过，但是她没有中途放弃，而是圆满地完成了任务。

第 11 招

女孩智慧的启蒙者

——父亲在教育中扮演什么角色

女孩的困惑

小时候我和我爸的关系还算亲近，可自从上了初中后，我爸就只会给我钱，也不知道关心我的学习。在我的印象里，他的时间都给了工作，我根本没有他的工作重要。我想我爸根本不爱我，可能他都后悔生了我！

“父亲的出现是一种独特的存在，对培养孩子有一种特别的力量。”这是著名心理学家格尔迪曾说过的一句话。没错，父亲对青春期女儿生活的良性介入对于孩子的情感形成、智力发展以及身体健康至关重要，而且这种影响将是深远的，会波及女儿成年后的情感稳定性、行为以及精神健康。

张梅从小就很敬重自己的父亲，并把他作为自己衡量男性的标准。父亲一直为她树立的是这样一种男人形象：可爱、幽默、亲切、有责任感、值得信赖、有修养……总之，在张梅心目中父亲是一个非常了不起的男人。无论他们的家庭经历怎样的变化，父亲都是张梅和母亲最坚强的靠山，是她们委屈伤心时最温暖的臂弯。所以，张梅一直希望自己未来的老公也是这样的一个男人，也成为这样的父亲。

或许很多父亲还不知道，自己在日常生活中的一言一行都在影响着女儿的气质、性格、择偶标准……

例如，如果父亲对青春期女儿的穿衣打扮表现出欣赏和肯定，那么女儿一定会显得十分高兴，并且会更容易认同和重视自己的性别角色，进而塑造出更加完美的女性气质；如果青春期女孩的父亲是一位性格乐观、开朗、积极的男人，那么女孩通常也比较活泼，对生活充满了热情。

另外，父亲是否勇敢、顾家、坚强、稳重、自信、博学等，这些都会影响青春期女孩对男性的评价。

所以父亲在女儿面前一定不能扮演“很糟糕”的角色，因为这会让那些涉世未深、判断能力差的青春期女孩们误以为“男人都是这个样子”。因此，父亲一定要掌握好自己在教育青春期女儿过程中所扮演的角色和起到的作用。

方法一：父亲要变成青春期女儿的“朋友”

夏先生一直认为“养不教，父之过”，更坚信在14岁的女儿面前必须保持作为父亲的权威，随时纠正她的错误。但事实让夏先生发现这样的教育竟让青春期的女儿觉得他是“敌人”，他真不知道问题出在哪里。直到有一天，他和女儿进行了一场推心置腹的交谈，才明白自己错在哪里。

当时，夏先生的女儿是这样对他说的：“爸爸，一直以来，我觉得你并不爱我，从来也没喜欢过我。在你眼里，我浑身上下都是毛病，永远不会做对一件事情，我的存在只会不断地带给你失望、痛苦。我多希望你能成为我的朋友，而不是一个整天‘教育’我的父亲。”

事实上，大多数父亲在家庭中一直扮演的都是“威严”的角色，而并非女儿心目中最好的“朋友”或值得信赖的“战友”。其实，父亲的“权威”角色和“朋友”角色在教育青春期女儿的过程中并不矛盾，相反，如果作为父亲的你能掌握好其中的“度”，不过分限制女孩，又适当保持一定的距离，那么两种角色就可以同时存在，达到令双方都受益的目的。

方法二：父亲要成为女儿人生正面的“参照标准”

有一个16岁的女孩在监狱里写下了这样一段文字：

我恨我的父亲，我宁愿他从来都没有在这个世界上出现过。自从我有记忆起，他在我心中就是一个粗暴的人。他只知道打我和我妈，我跟我妈每天都生活在恐惧和泪水之中，小小的我身上早已经布满伤痕。我10岁那年，他勾搭上一个不要脸的女人，抛弃了我和我妈，不但欠下一屁股债，还把家里所有值钱的东西都卷走了，剩下我和我妈艰难地生活。从那之后，我就恨男人，男人没一个是好东西。如果我再见到他，我一定杀了他！

另外一个刚刚荣获大奖的16岁的女孩也写了一段关于父亲的文字：

昨天，我获得了全市绘画大赛的一等奖。我很激动，我更要感谢一直培养我的父母，尤其是我的爸爸，我今天能有这个成绩最大的功臣就是他。当我因画画感到手臂酸疼或枯燥无味时，妈妈都会心疼我让我放弃，而爸爸却每次都鼓励我坚持下去。爸爸给了我勇气和坚强的毅力。正是有了他的不断鼓励，我才有了今天这么出色的成绩。老爸，真的谢谢你！

同样的16岁花季少女，却因为有不一样的父亲而走上完全不同的人生之路，这就是父亲在女儿人生中扮演不同的角色对女儿所起的不同作用。因此，父亲想给青春期女儿一个健康、明亮的天空，那么就要真正成为女儿人生正面的“参照标准”，做一个爱家、有责任心、能干、性格刚毅、幽默风趣、果断干练的父亲，而不是一个懒散、不务正业、酗酒成性、不负责任、粗暴、没教养等消极人生态度的父亲。

第 12 招

妈妈和女儿化不开的矛盾

——更年期父母和女孩相处的艺术

女孩的困惑 

我妈最近整天板着一张脸，看我什么都不顺眼，还动不动就骂我几句。我真是越来越受不了她的反复无常和坏脾气，所以在家里我们整天吵。她骂我翅膀硬了老顶撞她，我说她更年期不可理喻，结果我们之间的“战争”越来越激烈，我真不知道怎么应付了。

有一位母亲这样讲述了和青春期女儿之间发生的事情：

最近，14 岁的女儿和我闹得很厉害，我们两个人就像仇人似的整天“开战”。其实，女儿以前一直很听话，可自从进入青春期之后，她开始把更多的时间放在网络聊天和看言情小说上，致使学习成绩跌落一大截，脾气也开始变得暴躁起来。

我本来是大家公认的好脾气，或许是过了 40 岁的我进入了更年期，感觉自己总是莫名其妙地对家人发脾气。尤其是上初中的女儿，似乎女儿做什么事情在我眼睛里都是错的，更别说女儿只知道上网聊天而导致学习下降，这更让我火上加油。因此，只要我们两个人见了面，那就是“针尖对麦芒”，搞得家里鸡飞狗跳，老公只好躲出去图清净。

其实，上述事例中的母亲和女儿之间出现的问题是当今社会出现的一种新型家庭教育问题——“双期碰撞”，即更年期的母亲遇上青春期的女儿。

通常来说，大多的女性，在更年期会出现易怒、易激动、情绪不够稳定、紧张焦虑、敏感、精力不集中等状况；而青春期的女孩们大多表现为脾气暴躁、忧虑、叛逆、冲动等。试想一下，更年期的母亲遇上青春期的女儿，就像两个炸药包，有一点儿火星就会爆炸，不但母亲和女儿会受到伤害，她们身边的家人也难于幸免。

那么，我们应该如何化解更年期和青春期的冲突，让两代人的情感风暴和谐度过呢?

方法一：母亲多和青春期女孩说说心里话

进入更年期的女性很容易莫名其妙地暴躁，所以当看到女儿不上进、不听话或者某些事情做得令自己不满意的时候，就会忍不住对女儿嚷嚷和抱怨。但是进入青春期的女孩本身火气就大，而且独立意识增强，她们根本听不进妈妈的唠叨、批评和不满，只会选择拒绝和大人沟通。

最近，42岁的吴女士和15岁的女儿总是因为一些小事“争吵”，吴女士觉得自己好像心里有个火点，女儿的一点小事就能引起她的怒火。一天放学后，当女儿有些烦躁地对她说：“妈，你最近是不是吃炸药了，怎么这么爱生气，以前你那么温柔体贴，现在都变了！”吴女士听了女儿的话，并没有反驳，而是苦恼地说：“女儿，妈妈也不知道自己最近怎么啦，总是动不动就发脾气，其实，我心里不是那样想的，但说出来的时候就变了味儿。很多时候我冲你发脾气，除了是担心你的学习，还有就是希望你心疼我一下。妈妈最近像个小女孩一样敏感，对不起。”

没想到母亲的话让女儿的态度立马转变，女儿松了一口气说：“原来是这样啊！老妈，你放心吧，我一直都很努力地学习，而且我会关心和心疼你的。”从此之后，女儿果真像她当初说的那样，发生了很多转变，也开始学会站在妈妈的角度思考问题。而吴女士有什么烦恼和不开心也会告诉女儿，有时女儿还主动找她谈心。没过多久，她们的“危机”就过去了，母女感情比以前还要融洽。

所以，在“双期碰撞”的情况下，只有母亲和女儿双方都试着让自己冷静下来，相互了解对方的真实想法，才能顺利度过这个特殊时期。

方法二：父亲一定要成为最佳“调解员”

面对更年期妻子和青春期女儿的每次“家庭大战”，孔爸爸都没有逃离现场或加入任何一方的阵营，而是心甘情愿地做两个人的“垃圾桶”。例如他会耐心地倾听妻子对女儿的不满和抱怨，让妻子把心里的怒火和委屈全都发泄出来；而对于女儿，他会告诉她，虽然妈妈骂了她，但还是深爱着她，所以面对妈妈的责骂时就要有一种“退一步海阔天空”的大人肚量，先顺着妈妈，然后等妈妈心情好的时候，再慢慢和她解释自己的真正想法。没想到，孔爸爸这种迂回策略避免了很多家庭矛盾和不愉快。

心理学专家曾认为，一个具有稳定结构的家庭，就像是一个等边三角形，假如有一天这个等边三角形发生变形，那么作为丈夫的这个支点对于三角形的稳定就显得至关重要。上述事例中的孔爸爸就做好了这个“支点”，他的调解方法不但让更年期的妻子尽情发泄了心中的负面情绪，还教青春期的女儿采用迂回政策，避免了和妈妈的正面冲突，并且在双方都冷静之后进行心平气和的沟通，渐渐化解了两人之间的矛盾。

所以，当更年期的妻子和青春期的女儿发生“双期碰撞”时，作为家庭重要成员的父亲就要成为最佳“调解员”，扮演好家庭“和事佬”的角色，以保持家庭氛围的轻松、和谐、愉快，为青春期女孩的快乐成长和家庭的和睦做出自己的贡献。

第 13 招

棍棒教不出好孩子

——不打不骂，如何教育出好女儿

女孩的困惑

我爸就是个“暴君”，动不动就用拳头说话。虽然我是个女孩子，但他照打不误。现在我已经上高中了，是个大人了，他凭什么还这么打我。我恨死他了。下次他再这样对我，我就还手，然后离家出走。

社会学家默里·施特劳斯带领的研究小组曾公布了一组数据，他们对美国 807 名中小学的学生父母进行了调查，结果表明：有 50% 的父母表示，在接受调查前的一周内曾体罚过孩子。如果不考虑诸如家庭的社会经济地位、父母给予孩子温暖和支持的程度等因素，父母体罚孩子越频繁，孩子就越不听话。即当父母打算用体罚手段来减少孩子不听话行为时，其远期效果往往适得其反。

也就是说，当父母选择用打骂来教育女孩，尤其是青春期的女孩，那么不但不会使女孩变得更加听话和乖顺，相反会激起她们的叛逆心理，让她们的行为变得更加不合规矩。

教育学家苏霍姆林斯基曾说过这样一句经典的教子名言："父母不用温柔、理智的良言善语，而用耳光和皮带抽打孩子，如同在雕塑作品时不用精巧的雕刀，却动用生锈的斧头。"的确，打骂教育永远不是父母教育青春期女孩采用的最好的教育方式，打骂只会更加激起青春期女孩的反抗意识，让她们变得更叛逆，甚至打骂女儿会造成家庭惨剧。

爸爸因13岁的女儿慧园贪玩不写作业，就动用了武力。没想到由于他情绪过于激动，下手很重，打得时间又长，女儿竟然被活活打死了。

上初中的翎雪要求和爸爸一起游玩，爸爸因公务繁忙不能满足女儿的要求，于是就对死缠烂打的女儿生气地踹了一脚，结果女儿头部碰到桌角，惨死在爸爸脚下。

其实，像以上这样的家庭惨剧在新闻报道中屡见不鲜。而且心理学家通过研究发现，如果父母对青春期的女孩滥用体罚和谩骂，那么就会给她们造成诸多心理问题。例如经常挨打的女孩会更容易缺乏自信心、多疑、有挫折感，还会产生强烈的逆反心理，不愿服从社会规范，或者变得幼稚、软弱、胆小等。

打骂教育不仅会破坏父母与女儿的亲密感情，还会严重伤害青春期女孩的自尊心，长期下去，会使她对父母产生怨恨，甚至与父母对抗、对骂、对打，而且这种打骂教育并不能真正起到威慑女孩的作用，相反会让她变得习以为常，不再畏惧。

因此，父母应该抛弃打骂这种无能教育，多给青春期女孩一些宽容、理解和信任，尽力做一个不打不骂孩子的好父母。

方法一：在举手前，给女儿一个"申辩机会"

一天，妈妈刚下班就接到学校老师打来的电话，说是上初一的女儿竟然在学校里欺负同学，还把一个女生的门牙打掉了。妈妈看到客厅里像个没事人似的女儿还在高兴地看电视，心中的怒火就更大了。本想扇她几巴掌让她长长记性，但转念一想，自己还是应该给女儿一个“申辩机会”。

于是，妈妈坐到女儿身边说：“把今天学校里发生的事情给妈妈具体讲讲吧！”

女儿其实也有一些紧张，担心妈妈打她，不过她还是很仔细地把前因后果给妈妈讲清楚，原来那个被她打的同学先是欺负了别的同学，她看不过才“仗义出手”的。事情虽然是这样，妈妈还是批评了女儿不该动手打人，并且告诉她帮助别人还有很多更合适的方法。最后在这位妈妈的引导下，女儿认识到自己的错误，并对妈妈说打算明天向对方道歉，而且女儿也接受了妈妈的惩罚——刷碗一个星期，以示惩戒。

上述事例中的母亲采取的教育方法很明智。假如她不问青红皂白打女儿一顿，不但让女儿觉得委屈，而且也无法从根本上让女儿意识到哪里做错了，母女之间的关系也会出现裂痕，而这种裂痕是永远存在的。

所以，如果父母要惩罚犯错的女儿，绝不要采用体罚，而是学会站在女儿的角度看问题，给她申诉的机会，教会她做人的道理。当然，你也可以像这位妈妈一样，给女儿一些不伤害身心又能增强她能力的小惩罚。

方法二：对青春期的女孩要做到“以理服人，以情动人”

有一位父亲的育女经验是这样的：

一天，我对上高一的女儿说：“今天不准出去玩，好好在家做作业。”女儿闷闷地说：“我作业做完了，出去玩一会儿还不行吗？”我说：“做完了可以看书。”“老师说要劳逸结合效率才会高，我玩一会儿再来看书。”女儿说完就打算出门，这时，我有些生气地说：“什么劳逸结合，我让你看你就得去看！”女儿也生气了：“你不讲理！”我瞪了她一眼，严厉地说：“哪有那么多道理跟你讲。当年我要是敢跟你爷爷说个‘不’字，早挨揍了！”

很显然这位父亲的教育方式是不合理的，但像上面这样的情形却经常在现实中发生。因为很多父母认为女儿上了中学，就应该全部身心放在学习上，更何况孩子不懂得什么大道理，所以在教育她们时，父母总是习惯摆出一副家长的架子以势压人，甚者是拳脚相加。

其实，青春期的女孩虽然爱冲动、爱玩，也比较叛逆，但她们有自己的思想，会思考，也懂道理。如果你想让她真正明白是非黑白，最好采用说服教育，动之以情，晓之以理，这才是最佳的教育方式。

第14招

像对待朋友那样对待女儿

——怎样消除“代沟”，做女儿的知心朋友

女孩的困惑

爸妈总说和我有代沟，因为我们喜欢的东西不一样，而且都理解不了对方。比如我喜欢流行歌曲，他们就说那是鬼哭狼嚎，根本比不上京剧的一半。所以我们常常争吵，根本没办法静下心来沟通。为什么他们不试着了解我呢？

16岁的可薇觉得自己的父母什么都不懂，而且只要他们不懂的，他们还不允许自己去接触。她一上网父母就对可薇说网络是“毒害”，严厉杜绝她上网，可薇只好想方设法偷偷地上网；父母还严格控制可薇和同学玩的时间，假期也要大部分时间待在他们的视野里，说是怕可薇学坏……以前可薇也希望可以和父母成为朋友，可是她越来越发现自己和父母之间根本没有“共同语言”，无法聊到一块去。

为什么女儿慢慢长大之后就总是说和父母有“代沟”呢？事实上，青春期的女孩和父母产生“代沟”是很正常的，而且大多数“代沟”的产生都是由生理、心理、角色差异这三方面的原因造成的：

首先，青春期的女孩在心理发展上自我意识逐渐增强，她们热爱自由、独立，但又情绪不稳，容易冲动和愤怒，也容易受他人影响；而心理早已成熟的父母，则习惯用自己的思维方式和生活方式去要求女孩。

其次，进入青春期后，女孩体力和智力都迅速发展，她们开始变得更加好动、爱冲动、敢创新、追求个性和自我，但同时又缺乏足够的耐心和毅力；而作为成年人的父母，身心都已经成熟，人生观、价值观、社会观等都已经固定，缺乏变化。

最后，青春期女孩渴望父母把她当成平等的“大人”对待，而“望女成凤”的父母则习惯为女儿安排好一切，希望女儿在自己的安排和保护下能踏上更成功的道路，二者自然会产生分歧。

正是由于上述三方面的不同，导致了青春期女孩和自己的父母之间产生了“代沟”和矛盾，进而引发一连串的教育问题。那么父母们如何通过努力走进女儿的内心，消除“代沟”呢？

方法一：多提供与女儿互相了解的机会，学会和她平等对话

父母为了工作一直把夏菡寄养在奶奶家，夏菡和他们一年也见不了几次面。后来上了初中夏菡才转学到父母身边，但夏菡和父母的关系一直很陌生。夏菡父母只知道给女儿钱花，从来不肯花时间陪陪女儿，或者询问女儿的学习情况。那时候夏菡青春期叛逆很严重，就经常逃课和上网，父母知道后也只是骂她几句或者打她几下，从来不过问她逃课、上网的缘由。所以夏菡一直感觉很孤独，认为父母根本不爱自己。

由此可见，父母和青春期女孩“代沟”的产生，除了上面讲过的父母思想落后的原因之外，更重要的是父母没有给女儿和自己提供更多互相了解的机会。

青春期的女孩很少主动去找父母谈心，她们觉得面对面地和父母交谈有点不自在，担忧父母根本不给她们说话的机会。因此，父母除了要主动给青春期女孩多提供一些彼此沟通的机会外，还要学会和女儿进行平等对话，学会站在朋友的立场上和她交流谈心。当然也可以借助一些平行交流的方式进行谈话，例如一起看电影、运动、做家务、逛街、上网……

方法二：主动寻找共同语言，成为女儿的好朋友

面对青春期女儿的“代沟”问题，李爸爸曾经十分苦恼，也曾和女儿产生过激烈的争吵。他希望女儿按照自己的标准前行，但女儿总是不听话，女儿还说他根本不懂她的世界，不懂她真正需要的是什么。于是，李爸爸决定试着和女儿做朋友，试着去寻找他们之间的共同语言。

例如，李爸爸了解到女儿课余时间很喜欢看排球比赛，喜欢中国女排。于是他就上网专门去搜寻中国女排的相关信息，有时候还会把比赛给女儿录下来，让她一回家就可以看到。后来他还给女儿买了排球，并给她报了排球班。就这样，李爸爸和女儿在排球运动上找到了共同语言，而且成了很好的球友。

其实，只要父母肯用心去观察女儿的世界，去寻找和女儿的共同语言，那么就会和女儿成为很好的朋友。而且多接触年轻人喜欢的东西，父母自己也会变得充满活力，心情愉快，这样和女儿之间的“代沟”自然消除了很多。

现如今，很多青春期的女孩经常说自己和父母有“代沟”，其实想表达的就是父母“落后了”。例如，青春期女孩认为很潮、很时尚的装扮，父母就说“奇装异服”和“不伦不类”；她们烫发、染发，父母就说她们“变坏了”；她们狂热追星，父母认为是不务正业……

事实上，青春期女孩追求个性和时尚、喜爱明星偶像都是一种很正常的现象，是现代社会发展的产物。然而，没有和女儿同步发展的父母们却总是认为她们太张扬、太浮躁，坚持自己旧有的思考模式和教育模式，还总习惯以“家长权威”去命令孩子听自己的，这自然会引发矛盾。所以，要想避免和化解这些矛盾，最佳方法就是多找和女儿的共同语言，变成她与时俱进的朋友。

第15招

家是心灵的港湾
——为女儿创造一个温馨的家庭环境

女孩的困惑

前两天爸妈吵着要离婚，这让我心里很害怕。我不希望有一个破碎的家庭，不希望成为别人眼中没有爸爸或妈妈的孩子。为什么爸妈因为一点儿小事就吵架，就要离婚呢？每次想到这个问题，我都在被窝里偷偷地哭，我不知道这种难过的日子还要过多久，我该怎么办？

一名刚上初中的女生在日记里写道：

今天，我正在房间写作业，外面又传来爸爸妈妈的争吵声。我试着不去注意这些声音，尽量把所有的注意力都放在课本上，但是他们的吵架声越来越大。其实像今天这样的情况经常在家里上演，甚至会伴随着敲桌子、砸板凳的声音，而每次都会弄得我心惊胆战。我非常讨厌这种感觉，为什么别人家都是开开心心的，而我的爸爸妈妈却总是大吵大嚷呢？我真的非常羡慕那些家庭……

爸爸妈妈一直没有停止争吵，终于忍受不了的我，推开房门，冲着正在客厅吵架的两人说："你们烦不烦啊！不要再吵了，我都没法写作业了！"谁知，妈妈一见我出来了，马上说："女儿，你出来得正好，你给妈妈评评理是谁不对？"

结果父母新一轮的争吵又开始了，在一旁冷眼旁观的我看着他们口沫横飞的样子，脑袋都要炸了。突然，我愤怒地把客厅的餐桌掀翻，屋里顿时安静了。我哭着对爸爸妈妈大喊道："别吵了！我讨厌你们！我恨这个家！"

为什么事情会演变成这样呢？因为这个女孩感觉不到家庭的温暖，她感受到的，只是父母的不和谐、不友好。据科学研究表明：一个家庭的和谐、稳定是孩子健康、快乐成长的首要条件。

那么，女孩父母们如何才能为孩子创造出良好的家庭氛围呢？

方法一：建立和谐的夫妻关系

对于回家，梅梅和佳佳的感觉是完全不一样的。梅梅心中是欢喜的，因为回到家就可以和爸爸妈妈一起聊天，一起游戏，还可以手牵着手到小区公园里玩耍。佳佳却有一种恐惧感，因为她的爸爸妈妈总是吵架。放学后，她会在街头漫无目的地走啊走，希望太阳永远不要沉下去。

和谐的夫妻关系会给女儿带来心理安全感。在夫妻恩爱、温馨和睦的家庭里，孩子会过得幸福快乐，而且能够得到全方位的教育。而那些夫妻不和、缺少关爱的家庭，常常会产生"问题"孩子。尤其对渴望得到父母关心的女孩来说，如果她们无法感受到父母的和睦，她们会对家庭感到绝望，甚至以早恋、离家出走等消极的方式进行对抗。所以，父母们为了自己的女儿着想，应建立和谐的夫妻关系。

方法二：多制造一些温馨的家庭话题

中国人常说"天伦之乐"，那何谓令人称羡的"天伦之乐"呢？

我们从电视上看到的是一大家子人温馨地坐在一起，愉快地聊天，开着善意的玩笑，女人们在厨房为大家准备食物，孩子们在穿梭嬉闹，这种温暖的感觉就是“家”的感觉，能让人闻到“幸福”的味道。

在现实中我们每个家庭都可以让女儿体会到这种感受，这就需要你学会制造全体家庭成员都可以参与的话题。当然，这个话题最好是温馨的、向上的。

例如，全家人可以一起商讨为老人准备怎样的生日礼物；周末提议“全家约会”，讨论如何做出约会的详细计划和进程；妈妈要参加一场宴会，女儿和爸爸为妈妈做“衣着顾问”；爸爸出差回来，妈妈和女儿商量如何给爸爸一个惊喜，等等，这些都是不错的话题。

第 16 招

不背后向老师"告状"

——家长如何配合老师共育女孩

女孩的困惑

自从我上了中学后，我发现爸爸妈妈往学校跑的次数越来越多了，而且都是去找我们班主任"了解"我的情况。说实话，不就是老师向他们打打我的小报告，他们向老师说说我的不良行为吗？我知道，只要家长学校一"合计"，我不是挨骂就是被限制玩的时间，我真讨厌他们这样！

有一位母亲在网络上写下了这样一段文字：

我和爱人因为忙于工作而疏忽了对 15 岁女儿的教育问题，有好几次家长会都是女儿的爷爷奶奶参加的，所以女儿对我们一直有很多抱怨，但同时她也觉得我们不过问她学校里的事情，学校老师也不清楚她家庭的具体情况，那么她就有很多机会耍小聪明。

有一次，她对我们说学校要组织一次活动，可能要十几天，而且还需要一笔不小的费用，我们没有任何怀疑地就把钱给了她。另一方面，女儿对老师说家里有些事情要请长时间的假，并且还拿来了所谓的“父母证明书”，其实这一切都是女儿自己捏造的，她拿着我们给的钱去福建找自己的网友，直到因偷窃被福建警方拘留后，我们和她的老师才知道发生了什么事情。

其实，像上述事例中的女孩在现实中并不罕见，很多青春期的女孩都在父母和老师之间要一些“小聪明”。为什么她们有时能够成功“欺瞒”父母和老师而达到自己的目的呢？究其原因，是父母和老师给了这些女孩们可以钻的“空子”，尤其是父母。例如上例中的事件，如果女孩的父母能够事先和学校老师进行沟通、确认，那么就不会被女儿欺骗，也就可能提前预防或阻止此类事件的发生。

因此，作为青春期女孩的父母，应该更加注重和学校老师沟通或交流女儿的学习、生活等各方面的情况，尤其是遇到一些青春期问题如性教育、早恋等老师不便和女孩进行沟通的问题，父母就要接过老师的教鞭，让家庭和学校这两个教育女孩的平台能够更畅通地结合在一起，真正做到“家校合一”。

父母可采用的具体教育方法可参考以下几点：

方法一：不要让家访和家长会成为“告状交流会”

“每次家访，我妈都和老师说我很多坏话，不是说我学习不用功，就是说我玩心重。总是拜托老师在学校多管管我！”

“我最怕年末的家长会，因为老师告诉父母的都是我的‘坏’。我知道自己比较喜欢恶作剧，但我也没伤害同学和老师啊。都是开玩笑的事情，可回到家我就被骂、被打，我真恨我们老师！”

“在家父母管着，在学校老师管着，只要他们一碰面，我的日子就过得更苦。我又不是笼子里的小鸟，难道就不能给我一点儿自由吗？整天就知道批评我，难道我没有优点吗？”

…………

以上这些都是青春期女孩讨厌家访和家长会的真实心声。青春期女孩最烦的就是“告状”，无论是老师向父母告状，还是父母向老师告状，对于她们来说，这只会造成她们更加叛逆，加深她们和父母、老师之间的矛盾。

因此，我们一定要妥善处理好和学校的“合作”问题，千万不要在老师家访或者家长会上告自己女儿的状。假如老师向你告孩子的状，那么你一定要委婉地告诉老师让他们多表扬一下自己的孩子，多去发现女孩身上闪光的地方，然后加以鼓励和肯定，这样不仅会增强女孩的自信心，也会拉近女孩与父母、老师的距离。

方法二：父母要多和老师沟通，达成对教育孩子的共识

父母们常常说："哪个做爹妈的不盼着自己的女儿好啊！"老师们心里也常常想："哪个老师不希望自己的学生出色呀！"这样看来，父母和老师似乎教育女孩的目标是一致的，相互配合根本没有问题。但实际情况却是，面对青春期女孩的问题，父母和老师之间互相埋怨和指责的事情时有发生。

张老师的班里有一个学习很好的女生，她学习很用功，而且有点“两耳不闻窗外事，一心只读圣贤书”的意思。由于这名女生在学习方面比较省心，所以，张老师更关注她在“做人”方面的一些不足，例如张老师会经常提醒她不要老迟到，要学会多关心和帮助别人，多为集体做事等。有一次，刚怀孕没多久的张老师在楼道里晕倒了，就是这名女生把她送到了医务室，为此张老师还给她写了一封感谢信，表扬她学会关心人了，鼓励她做得更好。可是这名女孩的父母对这一切都不以为然，一心只关心自己女儿的学习成绩，还常常到学校挑剔年轻老师的教学，甚至埋怨学校不安排校车接送学生。他们竟然还故意把女儿的闹钟拨慢半小时，为了让女儿能多睡一会儿而迟到。像这样父母的种种做法，让张老师不禁觉得父母和学校的培养目标是不一致的。

或许从上例中我们可以看出家校合作效率这么低的原因：父母更偏向于女儿的学习成绩，而学校希望培养全面型人才。当然，我们也不可否认有很多学校更偏重于学生的学习成绩，但家庭和学校的配合不能只为了提高女孩的学习成绩，更应该从品德、习惯等各方面去引导女孩朝着高素质人才方向发展。

因此，父母和老师应该经常沟通，做到双方目标明确、意见统一，这样才能真正做到“家校合一”，给青春期女孩创造一个更美好的未来。

第 17 招

不要打断女儿的讲话

——如何成为女儿忠实的倾听者

女孩的困惑 

我不明白妈妈为什么每次都打断我说话，我想她是不屑于我的言论吧。这让我感觉很受伤，因为一回到家就是我在听她说，而我根本没有和她说话的机会，她也不希望听我说。我真是烦死了，为什么大人就不能认认真真地听我说一说心里话呢？

曾有一部加拿大影片，讲述的是一对实际生活中沟通有障碍的母女，在一次偶然的机会下，妈妈变成了和女儿一样大的 13 岁少女，以自己的新身份重新融入了女儿的生活及内心世界，并利用 13 岁少女的视角去重新审视和了解自己女儿的生活、学习、交际圈等，最后当她重新变为妈妈的时候，母女俩终于和好如初，成为知心好友。

现实中，我们虽然不能像影片中的母亲那样真的变成和女儿年龄一样大的少女，但是我们可以通过倾听女儿的心声，走进女孩的内心世界。

有一位成年女孩曾回忆道：

我的父母虽然比我大两轮，但是他们是我人生中最亲密最重要的朋友。我记得很小的时候，无论爸爸妈妈多忙，他们都会停下手中的工作，坐下来倾听我说话。每当我心情不好或感到沮丧、失望的时候，他们总是友好地拥抱我，并引导我把心中的苦闷向他们倾诉。就这样，父母成了我感情最大的“宣泄口”，我们无话不谈。也正因如此，我一直感到很快乐、很轻松、很幸福，这都是我最好的朋友——父母给予我的。

没错，假如父母成了女孩最知心的朋友，那么一旦女孩在生活中遇到什么问题，父母都可以及时帮助她解决，让她顺利渡过一个又一个的成长难关。那么有哪些好方法可以让父母们走进女孩的内心，成为她的知己呢？

方法一：学会鼓励女孩说出心声

有一位上初中的女孩这样抱怨道：

我真的不太喜欢和我的父母进行沟通或谈话，他们一点儿都不尊重我。每次我想要和他们进行沟通时，他们总是一边听我说话一边做别的事情，眼睛从来不看我，很多时候我真的不确定他们有没有在听我讲话。

像这位女孩说的现象在现实中的确常常发生，而父母这种不认真倾听女孩谈话的行为直接伤害了孩子的自尊心，进而让她们放弃与父母谈心。那么父母应该如何倾听女儿说话呢？

父母倾听的姿态要正确，最好这样做：停下来，即暂时放下正在做的事情，注视女孩，给她表达的时间和空间；注意看，即仔细观察女儿的表情、动作、语气等；用心听，即集中注意力专心听女孩讲什么。

除此之外，父母还应表现出听的兴趣，并且在倾听的过程中恰当地表示自己的意见，多引导孩子说出自己的想法。

方法二：在女孩有挫败感时与她谈心

父母要想成为女儿的朋友，除了在日常生活中多观察、多倾听、多引导、多亲近女孩之外，在她伤心、失望和遭遇失败时和她真诚地交流、谈心，则是走进女孩柔弱内心，成为她知心好友的最佳时机。

这是因为遭遇挫折的女孩，会显得异常脆弱，如果这时父母愿意走近她、安慰她、鼓励和支持她，那她和父母的亲密关系就会有实质性的飞跃。

有一位父亲的育女经验是这样的：

前一段时间，女儿参加舞蹈大赛出了丑，由于太紧张忘了动作，不得不提出退出比赛。遭遇失败的女儿很沮丧，一连好几天，她都不能从阴影中走出来。

我觉得应该帮女儿一把，于是便找了个好机会，与女儿谈心。一开始，我假装很随意地问起那件事情："女儿，你还在为舞蹈大赛的事情难过吗？"

"是的，爸爸，我觉得很丢脸！我在学校里都不敢抬起头走路。"女儿沮丧地说。

"可是，女儿，你不觉得你有勇气参加这次大赛就已经很成功了，而且最初你的表现棒极了！人们都会出现失误的，世界上最伟大的舞蹈家也曾经忘记过动作，爸爸相信你通过继续努力，一定会成功的。"我继续开导女儿。

"真的吗？可是现在大家都笑话我。"女儿委屈地说。

我轻轻拍着她的肩膀说："女儿，那些笑话你的同学他们的做法是不对的，你不必放在心上。如果他们遭遇这样的事情，可能还不如你呢！你要相信自己，而且笑话别人常常是不自信的表现。你要更努力去证明自己。"

女儿听了我的话突然释怀了，终于从那次失败的阴影中走了出来。

第 18 招

不要在女儿面前摆架子

——如何做到与女儿平等交流

女孩的困惑 

我最讨厌妈妈用长辈的身份压我，好像我是她的奴隶一样。可我已经长大了，我有自己的思想，我知道什么事情可以做，什么事情不能做，就算大人不提醒我，我也清楚黑白。但他们总是拿家长的身份说我，我都快烦透了，他们什么时候才能把我当成真正平等的人呢？

面对青春期的女孩，父母们总是会发现这样一种奇怪的现象：如果父母对女孩说“你必须给我这样做”，那么女孩很可能反抗或者心不甘情不愿地去做，但如果父母换种方式说，如“你认为这样做如何呢？”那么女孩就会毫不犹豫地去完成父母交代的事情。

为什么父母一样的要求会得到两种不同的结果呢？原因就在于“命令式”的不平等沟通会激发青春期女孩的叛逆意识，而平等、尊重的沟通方式会让女孩更愿意听从父母的引导和管教。

冷卉和晓巧是关系很好的初中同班同学。每天放学后，冷卉经常跑到晓巧家里玩。冷卉妈妈担心两个"疯丫头"凑到一起会惹事，甚至担忧女儿会不会把晓巧的家搞得天翻地覆，引起对方父母的反感呢？所以，她就想先给晓巧的父母打个电话，道个歉。没想到，晓巧的父母却先把电话打了过来，并在电话里表扬了女儿，说她是个懂事的孩子，不但帮忙收拾屋子，还帮助晓巧的爸爸修理家具。等到女儿回来，妈妈就把晓巧父母的夸奖讲给她听，冷卉顿时有点不好意思："老妈，你以前对我说过，我是个大人了，在对别人提出要求之前，一定先要让别人高兴，这样才有资格提要求。我去晓巧家里玩，就必须先让她的父母高兴，所以我每次都主动帮他们做家务。"

上述事例中冷卉的母亲并没有告诉女儿到同学家应该怎么与对方的父母相处，但是冷卉已经从日常生活与父母的相处中，形成了自己的一种独立思维模式，并学会把它运用到人际交往过程中去。试想一下，如果冷卉的父母在日常生活中总是命令女儿去做某些事，那么到别人家里，没有父母的"命令"，她也自然不会主动去做。

所以说，父母在引导青春期女孩与自己沟通时，一定要秉着平等、理解、信任、尊重的原则，在潜移默化之中，将优良的品行、阳光的心态、解决问题的方法等传递给自己的孩子，以帮助她完善自己的独立思维模式和提高各方面的能力。

方法一：父母要学会放下身段，和女儿平等交流

青春期的女孩已经不像三四岁的小女孩那样一切听从父母的指挥，从进入青春期那天开始，她的成人意识就开始生根发芽，而且随着青春期女孩身体的发育，思想的渐渐成熟，你会发现不知不觉间你的"小公主"已经成了"大姑娘"。所以，作为父母，你与女儿的沟通"位置"也要发生改变，不要让她"仰视"着和你沟通，而是站在同等位置，选择“平视”地和你交流。

雅蕊的爸爸虽然是个有点大男子主义的男人，但他从来不在女儿面前摆架子，更不会命令女儿去做什么事情，因为他认为平等的交流更有利于女儿成长为一个懂事、善解人意的女孩。尤其是当雅蕊进入青春期后，爸爸就完全把女儿放在和自己一样平等的位置，他们平等交流、自由沟通，不存在“老子最大”的事情。雅蕊爸爸发现，这样的交流方式反而让自己和13岁女儿的关系更亲密，而且女儿做起事情来独立、果断、有主见，他想这和他跟女儿一贯的交流方式分不开。

的确，父母如果都能做到与青春期女孩的平等交流，那么青春期的女孩自然会少了很多的叛逆和委屈，因为她们在得到尊重、平等和理解之后，也会学着去平等对待别人、理解和尊重别人。

方法二：多用协商代替命令的口吻

一天放学后，关系很好的元瑶和迎曼出去玩了很久才回家，结果由于太兴奋，两个人回家都晚了。不过，回到家之后，她们两个遇到的询问却是不一样的：

元瑶刚进家门，她妈妈立马黑着脸责骂她：“你怎么才回来！我以前怎么跟你说的，让你早点回家，你都把我说的话当成耳旁风是不是？就知道整天在外边野。真是‘一天不打上房揭瓦’。”元瑶气得捂着耳朵跑进了屋里。

迎曼回到家之后，她妈妈则语气柔和地和她商量说：“迎曼，你知不知道这么晚才回家，我们有多担心，以后不要这样了好吗？”迎曼听了妈妈的话，不好意思地点点头说：“老妈，我知道！对不起，下次不会让你这么担心了，如果有什么事情晚回来，我会提前给你们打电话的。”

其实，元瑶的妈妈和迎曼的妈妈想要传递给女儿的信息是一样的，但是所引发的后果却大相径庭。根本原因就在于元瑶的妈妈用命令的语气和女儿沟通，结果让女儿很难心甘情愿地去改正自己的错误；而迎曼的妈妈用商量的语气与女儿沟通，则达到了事半功倍的效果，不但令女儿心悦诚服地接受父母的要求，而且改正了自己的错误。所以，当父母希望女孩做什么的时候，不妨用商量代替命令。

第 19 招

批评女孩一定要留面子

——如何批评女儿才会信服你

女孩的困惑

期末考试我表现得很差，到家爸爸妈妈就把我批评一通。平时我做错一点小事情，他们就像逮着我的“小辫子”似的，整天说我。我真是烦死他们了，为什么他们就看不到我身上的优点呢？

冷雪是个自尊心很强的女孩，每次做了错事被父母、老师批评时，她总是把嘴巴噘得老高，还爱跟大人强词夺理，有时甚至撒谎、打小报告、嫁祸于人。有一次，她走路太急，不小心把餐桌上的茶杯摔坏了。妈妈批评她说：“你怎么回事，走路不会小心点啊！”谁知，她却把脸一扬说：“谁让你们把茶杯放在桌子上的。”等她进入青春期，更是一点儿也不能接受别人的批评，如果父母因为她的学习成绩下降或者懒惰批评她，那她就会反应很激烈，不是绝食抗议就是离家出走，最后父母只能凡事都依着她，什么重话也不敢说了。

青春期的女孩自尊心一般都很强，而且也很叛逆，假如她们一直是生活在父母的甜言蜜语之中，从来没有接受过批评，那么她们很容易变成“老虎屁股摸不得”的“刁蛮公主”，更分不清是非对错。这就像上述事例中的冷雪那样，没有受过批评的她对待任何人的批评会“敬而远之”，而这种消极的态度根本让她无法面对日后的挫折和困难，更无法适应社会的需要。

不过，对待青春期的女孩，如果你不懂得批评的技巧，那么只会让女孩变得更加叛逆、骄纵，毕竟大多数女孩都希望得到表扬和认同，而不是批评和否定。但父母们也会遇到这样的教育难题：对青春期的女儿批评轻了，根本不管用；批评重了，又怕伤了她的自尊心，让她更叛逆。

那么我们如何批评，才能让女孩改正错误，信服自己的父母呢？下面就给女孩父母们提供一些这方面的教育方法：

方法一：批评青春期女孩时要给她留面子

有一位母亲的教育经验是这样的：

我女儿今年上初二，和她小姨关系特别好。有一次，她小姨来家里做客，我在厨房里做饭，女儿和小姨在卧室里聊天。我想到卧室拿东西，就听见女儿说：“小姨，现在我的学习成绩可好了，上次语文考试我还考了95分呢。”我意识到女儿在说谎，因为上次语文考试她只得了75分，根本不是95分。我没有进屋“揭露”女儿的谎言，而是在她小姨走后，给女儿写了一张纸条：希望女儿能够做一个诚实的姑娘，因为没人喜欢撒谎的孩子。

女儿看到这个纸条后非常惭愧，每次看到我都欲言又止的样子。我看得出来，女儿是怕我把她说谎的事告诉别人，尤其怕她小姨也知道这件事。过了些日子，女儿发现我没有和任何人说起这件事，心中对我充满了感激，并且改掉了说谎的毛病。

青春期女孩的自尊心很强，所以我们在批评她时一定要给她留面子，尤其在人多或者公共场合的地方，最好不要批评、揭穿女孩，因为这样会深深伤害她的自尊心。如果青春期女孩犯的错误不太严重，我们不用全盘说出来，只要稍稍点给她就可以。这样做，既可以保护青春期女孩的自尊心，还会让她对父母充满感激，从而努力地去改正自己的错误和不足。

方法二：给批评加一件“表扬”的外衣

一位父亲是这样教育青春期的女儿的：

13岁的女儿很喜欢吃零食，她平时有事没事总喜欢在吃饭前吃一大堆的薯片、巧克力豆、冰激凌等，结果一到饭点就嚷嚷着说：“我不饿，我不吃了！”有一次，我对女儿说：“最近我家大小姐表现越来越出色了，如果在吃饭前不再吃零食，那就更好了。”结果女儿吃零食的次数竟然少了很多。

为什么父亲的一句话就让女儿改变这么大呢？这是因为他先表扬了自家女儿的优点，然后再委婉地指出女儿的缺点。这样做，既不会让女孩产生逆反心理，还会让她们在心情愉悦的情况下接受批评，然后认真地去改正。所以，我们不妨多学学这位父亲的经验，批评女儿之前，先给她加一件“表扬”的外衣。

第20招

好孩子是夸出来的

——怎样正确地鼓励、表扬、奖励女儿

女孩的困惑

昨天我不过是做了一件很小的好事，妈妈就一直表扬我，而且还给我做了一大桌好吃的。说实话，吃着那些东西我都胆战心惊，因为我已经16岁了，对于她那些对付小孩的表扬招数，我早就看明白了。为什么大人表扬和奖励我们的方法不能“与时俱进”呢？

和青春期男孩相比，青春期女孩更加敏感、脆弱，更加在意父母的评价，自尊心也更强。有时父母一句肯定或者鼓励的话，就让她们高兴老半天，并下决心取得更大的进步；而有时父母一句否定或者批评的话，就会让她们瞬间失去自信心，甚至产生自暴自弃的想法。可见，对于大多数青春期女孩来说，鼓励、表扬、奖励比打击、批评、惩罚更能激发她们的自信心和乐观向上的积极态度。

为什么鼓励、表扬和奖励会对青春期女孩有这么大的魔力呢？美国著名的教育家约翰·杜威认为：“人类本质里最深远的驱策力就

是：希望具有重要性，希望被赞美。”没错，人人都渴望被表扬、被认可、被理解、被尊重……一旦这种精神需求得到满足，女孩就会自信满满、动力十足地投入到学习和生活中。

一天，美国著名心理学家罗森塔尔到某个普通中学考察，一位老师有求于他：“先生，您能帮我挑出班里那些优秀的学生吗？”

罗森塔尔很痛快地答应下来，然后在学生中间指点起来：“你，你，还有你……”那些被点到的学生从此受到老师的关怀以及同学的羡慕，逐渐树立起了自信心，学习成绩逐步提高，成了班里的佼佼者。

一年后，罗森塔尔再次造访这所学校，问那位老师：“那几个孩子的情况怎么样？”老师说：“实在是好极了。”接着这个老师又有些疑惑地问心理学家：“先生，我感到非常吃惊，在你来之前，那几个孩子只是普通的学生，可经你一点拨，他们一个个都变了。请问您有什么诀窍判断得如此准确呢？”

罗森塔尔微笑着说：“我没有任何诀窍，只是随便点点而已。”

这就是“罗森塔尔效应”，它告诉众人的道理就是：对一个孩子进行肯定的评价，能够帮他们树立起自信心和自豪感，从而取得很快的进步。没错，鼓励、表扬和奖励是女孩健康成长的“催化剂”。因为这些正面肯定和激励会满足女孩的自尊心、好胜心和进取心，而这些又会促使她们更加努力，以便获取更多更大的成就。

因此，父母应该多注意观察青春期女儿的日常言行，用具体的内容和恰当的方式去鼓励、赞扬和奖励她的每一点进步和表现。

方法一：在女孩受挫折的时候给她鼓励和支持

有一位父亲的教育经验是这样的：

女儿是班里的学习委员，学习成绩向来数一数二，但是最近一次考试却考得非常糟糕。她很难过，她从来没有受过这样的打击，好多天都没有从这次考试的失败中走出来。

有一天，我看到她愁眉不展地坐在书桌前，拍了拍她的肩膀说：“女儿，还在为那次考试难过吗？”

“是啊，我是班里的学习委员，但是却考了全班的倒数几名，真是丢死人了。”

“你不要那样想，每个人都有失败的时候，只要好好总结失败的教训，他就已经是一个成功的人了。”我抚摸着她的头说，“爸爸相信你下次一定能够取得好成绩。”

“爸爸，我一定努力学习，把第一名的宝座抢回来。”女儿终于舒展了眉头，充满自信地对我说。

在青春期女孩受挫折的时候，是她们最需要父母鼓励和帮助的时候。在这种情况下，如果我们再对她提出批评、指责，会很打击她的自信心，让她不断否定自己、怀疑自己，直至对自己彻底丧失自信。因此，当女儿遭受挫折和困难的时候，我们应该多鼓励、支持她，偶尔给她一些小奖励，尽快帮助她从失败的阴影中走出来。

方法二：表扬女孩要注重引导，做到目标明确

一天，上高一的海瑶从学校回来后，高兴地走到妈妈面前说：“老妈，看！我今天画的画！”

妈妈笑着说：“你这画不错，一定用心思了。”

于是，海瑶兴奋地问：“那你觉得我哪里画得好呢？”

“你看这水的波纹，你肯定日常比较注意观察水被风吹动的样子。不过，你能告诉老妈，这里的树木为什么是蓝色的吗？而那边的小房子为什么通体都是红色的呢？”

海瑶把自己创作时的想法一五一十地告诉了妈妈，虽然，妈妈知道女儿的想法很抽象，画画的水平也不高，但是当女儿讲完之后，她依然笑着说：“你的想法真的很好，我很欣赏你，而且我决定这周末带你去野外爬山踏青,让你去大自然中写生怎么样?”海瑶笑着说:“老妈,谢谢你!我一定会画得更好的!”

瞧,这真是一位智慧的母亲。由此也可看出,父母的表扬、鼓励对青春期女孩的行为具有控制作用,但是青春期的女孩自我意识高涨,她的主观能动性很强,因此父母更应该注重表扬对她行为的引导,而不是控制,另外还要注意表扬目的的明确性,这样才能起到良好的效果。

第21招

沟通不妨换换花样

——与女孩沟通都有哪些方法

女孩的困惑

上了初中之后我学会了写日记，平时和父母的交流也变得少了。不是我不想和父母说说心里话，而是他们根本不给我这个机会。平时他们都忙着自己的事情，每次也只是催促我好好学习，问问我的学习成绩。为什么我们之间的沟通这么难呢？

父母们面对和青春期女孩的沟通问题，总是会表现出很多的无奈和不解：

“我每天都专门抽出时间和14岁的女儿沟通，可她似乎没什么话要和我说，所以我们沉默、冷场的时候多。”

“女儿上了初中之后，我开始更加关注她的学习和成长，但女儿似乎并不领情，甚至讨厌我过问她的事情。”

“有人告诉我边做事边和孩子谈天说地的效果不错，可是我们家那位大小姐总是一副不耐烦的样子，她的心里只想着电脑游戏和网友。”

从上述父母们反映的情况来看，他们和女儿采用的沟通方式似乎并没有什么错，但为什么女儿还是不愿和他们交流呢？问题的症结在哪里呢？其实，青春期的女孩并不是不愿意和父母交流，而是她们对父母那些老套的沟通方式产生了厌倦感、疲劳感，例如很多父母只是千篇一律地和女儿交谈，不厌其烦地询问她的情况，或者干脆当个称职的“监管员”……而这些沟通、交流方式在青春期女孩的眼中就是“唠叨”“啰唆”“管制”，她们压根就听不进去，不放在心上。

因此，我们要想和青春期的女孩沟通顺畅，就必须尝试多种渠道来与她交流。

方法一：用小纸条传递父母与女儿之间的“心灵信息”

自从晓夏进入青春期，妈妈发现她变得有些沉默，也不爱和自己交流了，每天一回家就把自己关在房间里，或者玩到很晚才到家。为了改善女儿和自己之间的关系，妈妈开始用小纸条来打破僵局。

例如，妈妈会在清晨晓夏起床前或者放学回家前，在她门上或者书桌上贴上一张便笺纸，上面可以写上任何想说的话，像“天气凉了，女儿你要多加衣服”或者“妈妈知道你比赛输了，不想说话，但没有失败哪来成功，我们相信你……”

慢慢地，这些鼓励和关心的小纸条就成了晓夏和父母之间沟通的最佳渠道，而且渐渐地晓夏也开始给爸爸妈妈留小纸条，甚至和父母语言交流的次数也越来越多。

永远不要瞧不起一张小纸条，有时候它就是打开青春期女儿心扉的那把钥匙。毕竟，很多时候父母们不知道如何与青春期的女儿沟通。因为青春期的她们总认为自己和父母有“代沟”，交流也很少，甚至回到家之后一句话也没有，这让那些想要好好了解女儿内心想法的父母们很着急。

其实，要想和青春期女孩保持沟通顺畅，并不需要很复杂或者很长时间的语言交流，有时候一张小纸条就能解决问题。

方法二：用书信搭建父母与女儿之间沟通的桥梁

上面讲述了父母与青春期女孩的沟通，可以依靠小纸条，但小纸条毕竟表达内容有限，有很多问题父母并不能深刻、清晰地和女孩进行沟通。这时，就需要一封情真意切的书信来触动女孩的思想。

有一对夫妇就是这样做的：

女儿上了高中之后就很少有时间和我们交流了，她觉得自己是个大人了，很多事情不需要向我们请教应对办法，她自己就可以全部解决。但是我们觉得女儿虽然渐渐有了成人的思维，但学习、人际交往等方面还是存在很多问题，于是我们就开始尝试给女儿写信，并且通过邮局寄到女儿的学校。第一次收到我们的信时，女儿说她很吃惊，但当她看完我们信中的关爱和担忧时，她也给我们回了一封信，诉说她心中的想法。但回到家之后，我们和女儿就像什么事情都没有发生似的。从此之后，和我们通信就成了女儿的一种习惯，而且我们也在信中给她提供了很多很好的建议，让她的学习、交友等各方面都进展得很顺利。后来，很多女儿的同学也建议自己的父母给自己写信。

其实，青春期的女孩会遇到很多敏感的问题，也会遇到很多她们不愿意当面和父母谈论的事情。这时，父母们不妨静下心来，给女儿写一封信，让她有足够的时间去思考、体会，这样也避免了父母因冲动或者不了解孩子内心真正的想法而用错教育方法。

第22招

真诚地拥抱你的女儿

——如何把握非语言沟通的技巧

女孩的困惑

虽然我已经上高中了，但我发现自己特别想让父母鼓励我。这种鼓励不仅仅是口头的表扬和肯定，很多时候我希望老爸拍拍我的肩膀，希望老妈给我一个拥抱。但他们从来没有这样过，我心里觉得他们是不是不爱和我亲近，不喜欢我呢？

美国著名心理学家艾伯特·梅瑞宾曾经提出过一个著名的公式：沟通的总效果＝7%的语言＋38%的声音＋55%的表情。在这里，声音和表情都是非语言沟通的方式。由此可以看出，非语言信息在沟通过程中起着非常大的作用。

对于敏感而且感性的青春期女孩来说，她们非常喜欢这种非语言沟通的方式。她们喜欢母亲的拥抱，喜欢挽着父亲的臂膀，喜欢父母肯定和鼓励的眼神……

在教育青春期女孩的过程中，如果父母能够巧妙地运用“非语言沟通方式”，往往能够收到意想不到的效果。

一位妈妈曾经这样谈到自己的育女经验：

我非常注重和13岁女儿的语言沟通，并且更注重和女儿的非语言沟通。在女儿取得一定成绩的时候，我会给她一个会心的微笑，鼓励她再接再厉，取得更大的成绩；而当她遇到挫折的时候，我会拍拍她的肩膀或者给她一个拥抱，让她迅速地从失败的阴影中走出来；在闲暇的时候，我会拉着女儿的手，带她一起去散步、逛街……现在，我感觉和女儿的关系更亲密了，在很多时候，我不用说话，只用一个眼神，女儿便能够理解我要表达的意思。

从上面这个事例，我们可以看出，巧妙地运用非语言沟通方式，不仅能够加强和青春期女儿的关系，还能够让女儿从这种方式得到鼓励、支持，从而取得更大的进步。所以，父母应该学会和掌握这种沟通方式，并且应用到日常生活之中。

非语言沟通是一种很好的沟通方式，但是父母和女儿之间要讲究默契，这样才能增进双方的感情。如果父母以前很少用这样的方式和女儿沟通，女儿在开始的时候可能无法领会父母的用意。不过，父母不要灰心，慢慢地，就会和女儿形成默契了，感情也会变得更好。

方法一：多用眼神来“教育”青春期女孩

教育界一直流传着这样一句名言：“聪明的家长用眼神教育孩子，一般的家长用嘴巴教育孩子，差劲的家长用拳头教育孩子。”可见，眼神对教育青春期女孩非常重要。因为眼神不但能传递很多心灵的信息，还能起到鼓励和警示女孩的作用。

有一次，13岁的平彤参加了一场青少年马拉松比赛，跑到半路的时候，她突然摔倒了。这时，一直在旁边陪着她的爸爸默默地注视着她，眼睛里充满了鼓励，好像在说：“女儿，加油，赶紧爬起来，继续往前跑。”所以，平彤顾不上疼痛，站起来继续往前跑。

虽然，这次比赛平彤没有拿到名次，但她坚持跑到了终点，这已经让她感到非常的自豪和开心了。如果没有爸爸鼓励的眼神，可能她已经放弃了，所以她对自己说要一生记住爸爸的眼神。

的确，父母流露出鼓励、支持的眼神，就会激发女孩继续努力的斗志；父母流露出责备、警告的眼神，就会让女孩意识到自己的错误，及时制止自己的无理行为；父母流露出关爱、疼惜的眼神，就会让女孩深切体会到父母的爱，进而也学会爱自己的父母……

所以，除了用语言鼓励和支持女儿，我们还应该学会给女儿一个鼓励、肯定、支持、赞扬的"眼神"。

方法二：时常用拍肩给予青春期女孩力量

有一位父亲的教育经验是这样的：

女儿今年刚上初一，学习很差，每次考试都是倒数第几名。所以，每次拿着成绩单回家，我们家里似乎都有一股浓浓的火药味，幸运的时候她会被骂，倒霉的时候就是一顿暴揍。每次被我们教训之后，我感觉女儿原先的难过、羞愧等情绪都一下子没有了，反而有了一种解脱般的轻松，好像她已经受罚了，就没必要自责了。

所以，有一天，我突然一反常态，面对女儿糟糕的成绩单，不仅没有打骂她，反而轻轻地拍了拍女儿的肩膀。虽然只是一个很简单的动作，却让女儿感觉到充满力量，从此之后，女儿的学习成绩竟然慢慢地好了起来。

青春期的女孩虽然没有青春期的男孩贪玩、调皮，甚至她们更努力地学习，但她们也会做错事、考试考砸，如果父母只是一味地打骂和惩罚女孩，很容易造成她的叛逆或者自暴自弃。因此，父母们应该学会转变和女儿的沟通方式，多用拍肩、握手这样的肢体语言，让女孩在身心放松的同时，感受到来自父母的力量。更重要的是，拍肩、握手这类的非语言方式，表达的是对女儿的一种信任、理解和支持，会促使女孩鼓起勇气，战胜挫折。

第三章

让被爱的女儿更懂爱

做青春期女孩的情感向导

女孩一进入青春期，你会发现她对待感情更敏感、更认真、更执着了。也正因如此，她们的感情也很脆弱，急需要父母的呵护和引导。但是作为青春期女儿的情感向导，父母们总会遇到各种各样的问题，例如：

怎样才能让青春期女儿体会到父母的苦心和关爱？如何让离婚事件对女儿的影响降到最低？面对女儿众多复杂的“朋友问题”，父母应该如何解决呢？青春期女儿爱情萌动，父母需要怎么帮她呢？

其实，青春期的女孩面对以上这些问题时，她们也很矛盾，因为一方面她们渴望爱情、亲情、友谊的温暖，但同时又因产生的问题而烦恼。因此，如何做好女孩们的情感向导就显得很重要。

第 23 招

“我妈就是个唠叨大王”

——如何让女儿体会母亲的心

女孩的困惑

我妈最近在家里越来越能唠叨了，看我什么都不顺眼，逮住我就念叨半天，我都快被她烦死了。她就不能少说两句，让我清静一下吗？

有一个 17 岁的女孩在网络日志中这样抱怨自己的母亲：

我妈就是一个“唠叨王”，她简直比《大话西游》里的唐僧还要啰唆。我今年都 17 岁了，她还像对待小女孩似的，每天清晨就督促我早起床，吃饭的时候嘴巴也不停唠叨，一直在旁边说：“你这孩子吃得太少了，多喝点牛奶，多吃点鸡蛋，对身体有好处。”好不容易吃完早饭要去上学，她又唠唠叨叨地说：“路上骑车的时候小心点，要多看红绿灯，到学校要遵守纪律。”晚上回到家又是一顿啰唆。我都要被她烦得崩溃了！

除了唠叨之外，我妈简直拿我当“笨蛋”，好像我什么都不会做，什么都做不好似的。她总是护着我，为我打点好一切，我可是个 17

岁的大人了，我有能力保护自己，我也能用自己的双手做很多事情。真希望妈妈能早点醒悟，赶快放开禁锢我的双手。

俗话说："慈母多败儿。"很多时候母亲对女儿过多的保护和关爱，反而会激起她们的反叛心，让她们觉得自己被母亲管得失去了自由、自我、自尊，因此她们和母亲之间也产生了很多的误解。

另一方面，进入青春期的女孩自我意识膨胀，面对母亲的说教总是无法坦然接受，这自然会引起双方的矛盾。很多时候妈妈们也有很多压力和情绪，对女儿的教育方式有时也显得有些偏激。虽然本意是为自己的女儿好，但却无法让叛逆的青春期女儿感受到自己的爱与好意。

因此，母亲们应该想办法让女儿知晓自己的良苦用心，化解母女之间的误会，让女儿与自己的关系变得亲密起来。

方法一：寻找机会多增进母女感情

有这样一则真实的故事：

母亲节那天，15岁的女儿用自己平时积攒的零用钱给母亲买了一朵康乃馨和一条丝巾。放学后，女儿兴冲冲地回到家把礼物送给母亲，心里隐隐期待着母亲对她的夸奖。可谁知，母亲看到这些礼物，生气地对她说："整天就知道瞎买东西，什么时候你把这些心思都用在学习上，我也就不用操那么多心了。你看你买的这是什么，又贵又不实用，真是浪费钱！"女儿听完母亲的话，垂头丧气地走进了自己的房间。

其实，青春期女孩的自尊心很强，一旦受到感情上的打击，她就会变得自我怀疑。就如上例中的女孩，她回到自己的房间内，可能气呼呼地在心里说："以后我再也不给她买东西了。"看吧，本来能加深母女亲情的机会被母亲破坏了，还给女儿心中留下一道伤痕，而这道伤痕在日后弥补起来就很困难了。

所以，母亲面对女儿善意而关切的爱护，应该表示出你的感动和欣喜，更不要吝啬你的表扬和肯定，这样会鼓励女儿继续对你表达关爱和理解。当然，你更要多找一些机会增进你们的母女感情，例如看电视或看报纸时和女儿一起讨论国家大事、社会现象，节假日和女儿一起出游、爬山、去图书馆，等等。

方法二：父母要戒掉唠叨的坏毛病

新晴12岁那年突然和妈妈大吵一架，因为受不了妈妈的唠叨，她离家出走到爷爷家。当新晴妈妈把女儿接回来之后，她反思了很久，心想如果女儿新晴不是去了爷爷家，而是一个人跑到不知名的地方，那后果不堪设想。所以，从那之后妈妈再也没有唠叨过女儿，也没有为她包办过任何事，妈妈开始学着相信和尊重女儿，并且也让女儿学着相信和尊重自己。母女两人甚至还签订了一份协议，例如要记住每个家庭成员的生日、爱好，要尽量开解对方的不良情绪，要经常为对方做一件感动的小事……渐渐地，新晴和妈妈的关系又好了起来，对妈妈的关爱也多了起来。

母亲的唠叨和说教恐怕是青春期女孩最厌恶的：一是因为母亲反复的说教令她们心绪烦乱，二是母亲的“唠叨”传达给她们的是一种不信任、不尊重的信息。这些都很容易让女孩认为母亲的所说所做都是在“管”她，是她痛苦的来源。

因此，母亲千万不要因为一时的“心直口快”就对女儿唠唠叨叨，而是尽量避免唠叨女儿，要知道很多时候话不要太多，只要让女孩明白道理即可。另外，母亲也应该多给女儿传递一些自己的信息，比如自己的生日、爱好、喜欢的颜色等，让女儿多了解自己一点，她对你的关心、理解就会多一些。

第24招

“我不喜欢我爸爸！”

——女孩和父亲关系疏远怎么办

女孩的困惑

现在我严重认为我爸根本不爱我，他平时都懒得跟我说话，也不关心我的学习，也不过问我交什么朋友。不过，他不管我，我也懒得理他，反正在他眼里我永远比不上他的工作，真希望他当初没生我！

曾有一位教育专家就“在你眼中，父亲是一个什么形象”的问题，在各大中小学进行了相关调查，而最终调查结果显示，大多数孩子都是类似下面这样的回答：

“我爸在我眼里就是个‘飞人’，整天出差，有时候一两个月都不着家。好不容易节假日回来一趟，他还要忙着应酬，根本没时间和我相处。”

“我觉得我爸很重男轻女，要不然为什么他那么喜欢逗小男孩，一看见我就没有两句话。我想他是不爱我，甚至可能是讨厌我。如果我是男孩，可能他会喜欢我、亲近我多一些吧。”

“我爸整天板着一张脸，对我更是严厉得很，而且喝点酒就大吼大叫的，真是太折磨人了。”

…………

由此可见，其实女孩们内心都很渴望与父亲亲近，但因为各种各样的原因，例如父亲太严厉或者不善言辞，或者工作太忙等，让她们误会父亲根本不关心疼爱自己，于是在实际行动上和父亲产生了距离，变得宁愿和爱唠叨、说教的母亲待在一起。

面对女儿和自己的不亲近，其实父亲们也很委屈，因为由于工作压力大或者自身性格使然，没有更多的时间来陪伴女儿成长，也不会找机会和女儿好好沟通，以至于女儿看到自己不是漠然就是反抗自己,父亲们自己可能都不清楚怎么成了女儿的“陌生人”,甚至“仇人”。

不过，作为父亲还是应该时刻反省一下自己的教育方法，尽量避免和女儿产生误会，要让女儿觉得你不但是她心目中的英雄、良好行为的典范，更是她值得尊重和学习的成长榜样。

方法一：多让女儿了解自己的父亲

杜先生是一名商人，平时生意很忙，他给17岁女儿最多的就是钱，而不是时间和关爱。所以他不了解自己的女儿就像女儿一点儿也不了解他一样。他不记得女儿的生日,女儿也从来想不起他的生日。从他身上女儿似乎也没学到什么好习惯，因为他闲下来就是吸烟喝酒，要不就是忙着应酬。对于这个家，17岁的女儿觉得父亲更像住旅馆。虽然很多次杜先生都说女儿根本不了解他的苦心，他说他所做的一切都是为了这个家。可是女儿认为那根本就是父亲不负责任的借口，父亲根本就不爱她，不爱这个家。杜先生觉得十分痛心和委屈。

或许现实生活中很多父亲都和杜先生一样，面对女儿的指责和抱怨，他们更多的是不解和委屈，因为自己这么努力地工作、打拼，甚至不辞白天黑夜地劳作，为的就是这个家，为什么女儿这么大还是不了解自己一番心意呢？其实，这也不能全怪女孩，因为她们内心深处虽然有细心、温柔的一面，但她们同时也很羞涩、被动，往往不会主动去询问父亲的生日、父亲爱吃什么菜、父亲最喜欢的颜色等，而且她们对父亲的工作也没有深入了解，所以也不清楚父亲有多辛苦，自然和父亲会产生一些误会。

所以说，不要责怪女儿不了解你，你应该多给她创造一些了解你这个父亲的机会。例如你可以把全家人的生日日期都挂在显眼处，多向女儿透露一些你的爱好，有机会带着女儿参观你的工作，等等。等到女孩真正深入到你的世界中，那么她对你的了解越深，理解也就越深。

方法二：寻找机会多增进父女感情

夏兰今年上高三，父亲从来不过多给她学习压力，因为父亲知道女儿有能力自己处理好，而且能负责自己所做的决定。生活中，夏兰和父亲是关系很好的朋友，感情也非常好。去年父亲过生日，夏兰故意表现得不知情，然后突然在父亲生日的前一天给父亲一张足球比赛的门票，并对父亲说："老爸，这是我送给你的生日礼物，我要上课就不能陪你一起去了，回来给我讲讲盛况就可以了。"父亲没想到看似大大咧咧的女儿竟也可以这样贴心，不过，这也和他平时对女儿的了解、关心分不开。

其实，父亲和女儿同样可以培养出很多共同话题和兴趣爱好，例如看电视或看报纸时和女儿一起讨论国家大事、社会现象，和女儿打打球、观看体育比赛、爬山、航行、钓鱼、做木工等。只要有机会，就应该多让女儿参与其中，这对父女双方都大有益处。因此，作为父亲，应该多找一些机会和女儿增进感情。

第25招

“你们为什么要抛弃我？”

——如何与女孩谈离婚

女孩的困惑

昨天晚上我偷偷听见爸妈要商量离婚的事情，虽然一直以来我都知道他们的感情不好，但我没想到他们竟然真的要离婚。我不想要一个破碎的家庭，为什么他们都不考虑我的感受呢？

对于父母离婚这件事情，我们先来听一听下面这些十几岁的女孩们是怎么说的：

“我需要一个温馨、快乐的家，而不是一个勉强支撑的家。既然你们在一起不幸福，那么就离婚好了！”

“父母离不离婚对我一点影响也没有，反正他们不爱我，也都不愿意管我。以后他们也别指望我会孝敬他们，毕业之后我就一个人跑得远远的，反正了无牵挂。”

“我不希望父母离婚，我想要一个完整的家。但是现在他们整天因为一点小事就吵架，害得我根本没法安心学习。如果我反抗两句，他们立马就会把吵架的‘枪头’指向我。我想有个幸福的家，可父母太让我失望了！”

…………

世界上没有孩子不在意父母的离婚，尤其是那些天性敏感、感情脆弱的女孩子，不过真正对她们有影响的是，父母是否在尽力为她们创造一个“情绪双亲”的健康成长环境。

曾有一位婚姻心理咨询专家说：“每天我都会接待很多咨询婚姻问题的男士和女士，他们最常说的一句话就是‘我很痛苦，但一切为了孩子，我只有忍耐’，然后他们就会问我如何才能减轻不幸婚姻带给他们的折磨。”其实，大多数想要离婚的父母口中所说的“一切为了孩子”，所包含的意思是“为了给孩子一个表面完整的家，我才守着这个残缺不全的婚姻”，可这一切“虚假的外表”只会对女儿造成伤害。何况那些已经进入青春期的女孩，她们虽然不希望父母婚姻出问题，但稍加引导就可以让她们接受父母离婚的事实，并且把伤害降到最小。

那么父母们应该如何和青春期的女孩谈论“离婚事件”呢？下面就给父母们提供一些具体的引导方法：

方法一：父母离婚要与女儿沟通好

秦秋和前夫的婚姻维持了16年，终于结束了。离婚是因为他们彼此没感情了，在一起总是互相看不顺眼，前几年为了女儿勉强在一起，但是他们最后发现分开对彼此都好。不过，他们不想伤害14岁的女儿，于是在一个适当的机会，他们决定和女儿好好谈一谈。

那一天，秦秋做了一点小菜，事先有所察觉的女儿闷闷地苦笑说：“吃散伙饭吗？”秦秋和前夫尴尬地笑了一下，然后非常正经而真心地对女儿说：“女儿，爸爸妈妈因为一些原因没有办法相处下去，但我们对你的爱不会少，而且爸爸妈妈也不是仇人，而会成为朋友，只是现在我们作为夫妻实在很难和睦地生活在一起。”前夫也说：“女儿，我们离婚后，可能很多人会问你父母为什么离婚，你可以坦然地说出你的想法，而且你跟谁住在一起都行。另外每个星期我们都会和你见面，你有什么要说的吗？”

接下来，曾经的一家人开始交流了对于离婚的看法，以及以后如何应对别人的“流言蜚语”。就这样女儿慢慢地接受了父母离婚的事实，甚至还祝福他们能够找到下一次幸福。

青春期的女孩已经渐渐具备成熟女性的心智，只要父母好好引导，她们并不会无理取闹。就像上述事例中的这对夫妻，他们在恰当的时机告诉了女儿离婚的事情，然后真诚地和女儿进行沟通，接着又教导女儿如何面对别人异样的眼光。

相信经过告知、沟通、教导这三个环节的引导，女孩们已经能够很好地发泄心中因父母离婚产生的不良情绪，并且能够做出正确的处理和应对。

方法二：和女儿谈离婚要做到不剥夺、不攻击、不传话

有一位母亲的教育经验是这样的：

我自从知道丈夫出轨后，就态度坚决地要求离婚，甚至不理智地到丈夫单位去闹，在家里也经常对女儿咒骂自己的丈夫。直到有一天我突然领悟，自己对13岁女儿的爱，远大于对丈夫的恨，所以出于爱女儿，我选择放弃心中对丈夫的不满和怨恨，并且心平气和地离婚了，也跟他达成协议，要一起照顾女儿。

这位母亲采取的做法是十分明智的。父母离婚时就应该在女儿面前做到不批评或攻击另外一方，不剥夺女儿见另一方的权利，不透过女儿去打探另一方的生活或者传话给对方。这样一来，即使父母双方离婚了，女儿也不会夹在中间难做人，更不会因为父母的离婚，而失去任何一方的关爱。

第 26 招

“我就是接受不了！”

——亲人离世，如何劝慰女儿

女孩的困惑

最爱我的外婆上周去世了，我一下子懵了，那个最疼爱我的人就这样消失在我的生活中了。我好后悔外婆活着的时候没有多孝顺她，现在我的心好难过，每天都忍不住流泪。我该怎么办才能从这种亲人离世的悲伤中走出来？

青春期的女孩比较敏感，看似坚强的外表下其实有一颗很脆弱的心。挚爱亲人的离世，对她们的打击和影响很大。下面我们先来看几个经历亲友离世的女孩的心理感受：

“外公是一名老教师，前两天因为癌症去世了。初听到这个噩耗，我整个人都呆了，好几天脑袋里什么都没有。我根本吃不下饭，晚上也睡不踏实，只要一想到外公不在了，我的眼泪就止不住了。”

“我最亲爱的姐姐出了车祸，没有抢救过来，看着痛哭的家人，我却一滴眼泪都流不出来，而是把自己锁在房间里。我的心好痛，喉咙里似乎卡着一块东西，难受极了。人为什么要死，为什么要突然离开，连句道别的话都没有？”

…………

事实上，面对亲人的离世，很多女孩先是会对发生的一切感到震惊，后来就会拒绝接受事实，接着就会感到强烈的孤独，甚至很多女孩会因为亲友离世而伤心哭泣到不能自拔。再后来，她们可能会感到愧疚，因为在亲友生前，她们没有多陪陪他，甚至对这个人说了很多不该说的话，做了很多令对方感到失望的事情。总之，亲友离世后，大多数女孩心情极度低落，内心塞满了愧疚、痛苦、懊悔……

那么面对女孩这种情况，作为父母的我们应该怎么做呢？下面就给女孩父母们提供一些切实可行的教育方法：

方法一：让女儿多向身边人倾诉，学会接受别人的安慰

晓路的姑姑去世了，得到这个坏消息之后，晓路把自己关在房间里，不吃不喝，就像一个不会思考的木偶。但是她发现自己这样做根本没用，她仍然觉得悲伤和痛苦，而且这种感觉越来越强烈，几乎要把她吞噬。后来，她打电话给自己的几个好朋友，向她们倾诉她的悲伤。没想到这些朋友不但认真倾听她的话，而且都极力安慰她，虽然朋友们表达的方式不一样，但晓路能感觉到大家都希望她振作起来，不要一直沉浸在无边的伤感中。甚至有几个好姐妹相约来找她打球，以便晓路能发泄情绪。神奇的是晓路接受了朋友的安慰之后，整个人都仿佛注入了一股力量，心情也好了很多。

瞧吧，这就是向身边人倾诉，学会接受别人安慰的好处。倾诉有助于女孩将情感释怀，让她们明白此时感到痛苦是正常的，而且还会给女孩力量，让她们学会应对当前的状况。

其实，青春期女孩一个人应对亲友离世的痛苦情况是很难的，如果有人能在她身边帮助她、鼓励她、安慰她，那么她从痛苦中就恢复得更快。因此，当女孩因亲友去世而心情低落、痛苦不堪时，作为父母应该引导女孩多向身边人倾诉，学会接受别人的鼓励与安慰。

方法二：引导女儿知道并认识“生老病死是大自然的永恒规律”

有一位父亲的教育经验是这样的：

上高一的女儿从医院回来之后，心情非常低落，因为最疼爱她的爷爷生病住院了，医生说爷爷剩下的日子不多了。回到家之后，我走进了女儿的房间，对她说：“爸爸很了解你现在的感受，如果你爷爷现在离开了我们，那么爸爸的痛苦不会比你少。但是人都会死，这是大自然的规律，我们都避免不了。与其伤悲地等待死亡，不如开心地陪爷爷度过剩下的日子，说不定对爷爷病情的好转也有很大作用。”听完我的话，女儿的心情好了一些，她对我说：“爷爷最喜欢读报纸了，明天我就负责读给爷爷听，这样他心情就会好很多。”

人的生老病死就如同一年四季的更替，是很自然的现象。虽然面对挚爱亲人的突然离世，女孩们心里都难以接受，甚至很多女孩会觉得失去心里的依靠，因缺失一些安全感而感到惶恐不安。但是面对无法改变的自然现象，我们首先教会女孩的就是让她们接受亲友死亡的事实，然后慢慢引导她们往好的一方面去看，逐渐减轻她们心里的痛苦和愧疚感，这样对女孩来说是最好的教育方式。

第27招

“我又结识了一个死党”

——如何引导女孩正确选择朋友

女孩的困惑

前几天出去玩的时候认识了一个女孩，她不但穿着个性，而且认识好多朋友。我也希望和这样的“风云人物”交朋友。但当她带我出去玩，让我和那些不认识的男生一起跳舞、喝酒的时候，我犹豫了。作为高中生的我，真的需要这样交朋友吗？

有人说：“愚蠢的朋友比明智的敌人更糟糕。”可见，如何选择自己的朋友对于青春期的女孩来说非常重要。因为一个道德高尚、品格优良、无私正直的朋友，会不断熏陶女孩的人格，让她朝着好的方向发展；而那些道德低劣、品格不端、自私冷漠的朋友，则可能会让女孩走上邪路，所谓“近朱者赤，近墨者黑”说的就是这个道理。所以，父母引导青春期女孩选择朋友就显得尤为重要。

美国前总统布什上大学的时候学习成绩并不突出，但他依旧能够成为学校的风云人物，这其中最重要的原因就是他超强的交友能力。在大学四年的时间里，他结识了耶鲁大学5000多名在校学生中的 1/3。这近 2000 名同学为他以后的从政生涯打下了坚实的基础，在竞选中起到了不可忽视的作用。

很显然，布什总统并不是让每个人都成为他的朋友，他选择的是那些对他日后有用或者能够正面影响他的人做朋友。虽然女孩子并不一定要多么交游广泛，但当她结交的朋友多了，而且这些朋友又能对她起到正面的、积极的影响，那么不但会开阔女孩的眼界，也会增加她的人脉，大大提高她办事成功的效率。

所以，我们要对青春期女儿的交友给予指导，但这并不意味着女孩要完全按照我们的意愿来选择自己的朋友，毕竟在青春期渴望友情的她们，结交的朋友也会各种各样。我们首先要尊重女孩的交友权，然后引导女孩去结交那些品性纯良的朋友，而且教会她分辨哪些友情是要不得的，哪些人是适合做朋友的。这样一来，自尊心强、叛逆、独立性强的青春期女孩就不会对父母插手自己的交友事情产生抵触感，也容易接受父母的指导。

除此之外，父母还可以采取下面这些方法帮助青春期女孩选择朋友：

方法一：观察女儿的性格，为她寻找合适的朋友

一位母亲的教育经验是这样的：

女儿今年 13 岁了，由于她很内向不爱和别人说话，所以在生活中她没有什么朋友。一到假期，别的女孩都出去和伙伴玩耍，她总一个人闷在家里。见到这种状况，我觉得很有必要为女儿找一个好朋友，于是就经常为女儿安排一些课外活动，并把朋友家一个比较活泼、好动的女孩请到家里和女儿玩。刚开始，女儿不愿意，我就鼓励她说：“听话，你作为家里的主人，要好好招呼客人啊，要让对方感觉你是一个热情的人，妈妈相信你能做到。”就这样，女儿迈出

了第一步，主动和那个女孩说话、聊天。很快，两个女孩就成了好朋友，而且在朋友女儿的带动下，她们经常去参加课外活动和户外运动，慢慢地女儿的朋友也多了起来，性格也开朗了很多。

很多内向、害羞的青春期女孩，总喜欢闷在家里。这时，作为父母，我们就应该对她们进行积极的引导，教她们清楚地认识到多认识些朋友，青春才更加轻松和随意；多和朋友们一起玩耍，生活才会充满乐观、向上的积极性。

最重要的是我们要根据自家女儿的性格为她寻找合适的朋友。毕竟经常和文静的朋友在一起，她就会变得安静；经常和活泼的朋友在一起，她就会变得开朗、积极；经常和爱读书的朋友在一起，则能唤起她的读书意识……

另外，父母还可以尝试着让女儿参加一些社会活动，让她接触到不同学校的孩子，为她提供广泛的交友条件。

方法二：引导女孩明辨朋友的“好与坏”

一位母亲最近遇到了这样的问题：

我女儿上了高中之后，有了手机、电脑，开始结交一些网络上的朋友，有时也和校外的一些女孩接触。我担心她交上坏朋友，但是她总是振振有词地说：“你怎么知道人家是坏人？你又没有和别人接触过。我已经长大了，有辨别能力，你别瞎操心了！还有，别再说我朋友坏话了！”女儿越是这样说，我越是担心，她才16岁，能分得清好人与坏人吗？

处于青春期的女孩虽然表面上身体发育成熟，心智也在不断健全，但内心深处依然是个小女孩，很单纯、善良，也缺乏辨别是非、好坏的能力。

所以，在青春期女孩交友的问题上，父母必须要给她正确的引导，告诉女孩生活中的是非、好坏。不过需要注意的是，我们在判断女儿的朋友是好还是坏时，不能单纯从孩子的成绩、家庭出身、学历等来看，而要从品德、习惯、性格等多方面来观察，只要女孩能从朋友身上吸收有利的养分，那么，这个朋友对于女孩来说就是好朋友。

总之，父母要通过言传身教，对青春期女孩不断熏陶与渗透，帮助她寻找朋友，使之身心健康地发展。

第 28 招

“我被好朋友出卖了”

——如何教女孩处理闺蜜的“背叛”

女孩的困惑

路瑶是我最好的朋友，平时我们两个形影不离，什么秘密都分享。但最近她竟然和我最讨厌的张小萌在一起玩，她怎么能背叛我呢？我以后再也不要理她了！

一位 16 岁的女孩在网络论坛上写下了这样一段话：

小慧和我从小学开始就是最好的朋友，我们上了同一所中学，本来我以为我们的友情是纯洁和真诚的，但没想到她背地里竟然是个卑鄙小人。前两天我才从另一个朋友那里得知，小慧竟然把我的所有秘密都讲给别人听，比如我喜欢谁、讨厌谁。我是因为相信她这个朋友，才把心里的秘密都告诉了她，没想到她竟然四处传播，害得我在其他同学面前抬不起头来。当我去找她当面对质的时候，她还不承认，甚至反过来说是我自己讲出去的。我现在真的好恨她，如果是一个关系不怎么好的朋友出卖我，我也许会原谅对方，但小慧这个曾经的好朋友，我一辈子都不会原谅她，一辈子都不会！

女孩们值得拥有的真正朋友应该是这样的人：她们襟怀坦荡，为人正直，有求必应，勇于冒险；她们能忍受一切，勇敢地牺牲一切，对朋友永不变心。没错，值得相交的好友是应该以信任和依赖为基础的。

但是青春期女孩总是多变的，她们可能这一刻是好得不能再好的闺蜜，下一刻就因为一点小摩擦互不理睬好几天，再加上有些青春期女孩自制力差、猎奇心理强、表达欲望强等，所以她们可能常常守不住朋友的“秘密”。就像上例中的小慧一样，因为忍不住和别人分享自己好友的秘密，结果伤害了朋友。

因此，我们要帮助青春期女孩正确应对“遭遇朋友背叛”的问题，引导她们掌握正确的处理方法，以及正确化解与朋友之间的“矛盾”。

方法一：父母不要做女孩友谊的“看客”

有一位父亲的教育经验是这样的：

我女儿孜孜和邻居的女儿小雅从小就是很好的朋友，两人像亲姐妹一样亲密，而且两人从小学到中学都是同班同学。但最近上高二的她们产生了一些矛盾。事情是这样的，小雅答应了女儿一件特别重要的事情，但是没有遵守承诺，这让女儿很失望，而且情绪也受到很大影响。我们知道后并没有对女儿与小雅的“友谊破裂”选择漠视，而是多次鼓励女儿去找小雅玩，并且告诉女儿要学会原谅朋友的错误，让她意识到真正的友谊是需要理解和信任的。后来在我们的鼓励下，女儿又主动找小雅玩，两个人恢复了以前的死党关系。

青春期的女孩虽然自我意识强烈，不希望父母过多介入她们的生活，但她们毕竟是未成年人，有很多事情需要父母的引导和帮助。所以，作为父母，对于女儿的事情我们不能做“看客”。当女儿和自己的好友产生矛盾时，我们应该让女儿变得宽容大方一些，学会主动和对方和好，学会多看别人的优点和曾经对自己的帮助，毕竟“多一个朋友比多一个敌人更好”。

方法二：让女孩学会正确看待朋友的“背叛”

这天，17 岁的杜辛一回到家就把自己关在房间里。妈妈见女儿心情不好，过了一段时间后，才敲门走进女儿的房间，并且语气温和地问：“辛辛发生什么事情了？能和老妈讲一下吗？”杜辛生气地说：“还不是怪美丽，她竟然为了参加舞蹈社的比赛，把我们好不容易组织起来的漫画社解散了。她怎么能这么不负责任，太自私了。”美丽是杜辛最好的朋友，杜辛妈妈见过几次，觉得那个女孩并不像女儿口中的不负责任的人。于是她对杜辛说：“老妈虽然没见过美丽几面，但我觉得她不像那么不负责任的人，你们一定有点误会。你和她是死党，我相信你也感觉得出来，只是你一时情绪冲动忽略了。不过，就算美丽那样做也是她自己的选择，作为朋友，你除了尊重她的选择，也应该宽容她的过错。更何况漫画社你们可以自己再组织啊，毕竟单靠美丽一个人，社团也无法存活下去啊？”听了妈妈的话，杜辛沉思了好久，然后主动和美丽打电话约出来谈谈。后来两人不但化解了误会，而且事情也得到了圆满解决。

瞧，虽然说青春期的女孩情绪起伏不定，但她们还是能听进去父母意见的，并且能积极思考和想办法解决问题。所以，当女孩遭遇好友的欺骗或和好友产生矛盾时，父母最好先让女孩平复一下激动的情绪，然后慢慢引导她们去尊重和理解别人，在宽容和原谅别人的基础上，再去想一些更好地解决问题的方法。这样一来，不但保护了女孩的友谊，也教会了她学会宽容、尊重别人，以及运用正确方法解决问题。

第29招

“我该不该帮朋友骗妈妈”
——如何让女孩理解“义气”的真正含义

女孩的困惑

同桌张敏最近交了一个男朋友，但她不想让别人知道，我们两家又是邻居，每次张敏妈妈问我张敏在学校怎么样时，我都说挺好的。一边要帮朋友，一边又要帮她欺骗她的家人，我真的好有负罪感。我该怎么解脱呢?

女孩一进入青春期，父母除了担心女儿的学习、身体状况外，恐怕剩下最担心的就是女孩的交友情况。所以，很多青春期女孩的父母们总是这样忧心忡忡地说：

“万一我女儿在外边交上坏朋友可怎么办啊? 她要是个男孩子我的担心或许会少些，但一个女孩稍不注意就会被别人骗，那可是一辈子要后悔的事情。”

“怎么办? 我女儿最近成绩下降，她不但经常和外校的女孩混在一起，而且还学会了逃课、上网。再这样下去，她的人生不就完了?”

“女儿交的朋友没一个我看上眼的，在我看来她那些所谓的朋友都是‘狐朋狗友’，迟早要把她带坏。”

父母们的这些担心是多余的吗？当然不是，因为我们无法保证女孩结交的都是良友，很可能她的朋友就是拉她进入地狱的那个人。其实，女孩进入青春期后，有很强烈的交友欲望。越发独立的心理需求促使她们总想开拓自己的交际范围，以便倾诉成长中的一系列困惑，展示自己的能耐。但处于青春期的女孩，虽然身体发育渐渐成熟了，但心理方面和四五岁的小女孩一样，是非黑白的分辨能力还很弱，不懂得如何选择朋友。所以，她们很可能为了追求“好玩”和“刺激”，接近一些“不良少年”。

但是，在大多数青春期女孩的心目中，她可不会乖乖地遵从父母的“旨意”,因为在她们看来,自己所加入的那个集体绝不是什么“不良团伙”，更不会认为自己交到了“恶友”。

一个 15 岁的女孩就曾在微博上留言：

妈妈总说我整天与“坏女孩”在一起，她怎么可以这样说我的朋友？我的朋友们坏在哪儿？她们对我非常好，讲义气，每当我受别人欺负，她们总是二话不说，替我“出气”。

作为父母或许知道“义气”的含义，但我们的孩子涉世不深，无法真正理解。这种刻意地讲究“义气”的做法，只会越来越快地把女孩拉入错误的深渊。因此，在青春期，父母们引导女孩学会正确交友是十分必要的。

那么，我们该如何引导这些青春期的女孩选择朋友呢？

方法一：告诉女孩，交友要注重精神层面

女孩不懂如何选择朋友，父母要引导她重视精神层面的交往，选择一些心心相通的朋友，能直言规劝的朋友，这样的朋友，才能真正提升女孩的素养。

有一位母亲是这样做的：

一天，女儿对我说起了她的困惑："真不知道可可有没有拿我当朋友，她总喜欢说我的缺点。我真是气死了，不想再搭理她了，可她刚才却打电话找我逛街。"

我问女儿："你觉得可可说得对吗？你是不是真有这些缺点呢？"女儿想了想，点头说："我确实有，是我做得不好。"我说："既然可可说得对，你就要改正，而不是嫉恨人家。常言道'忠言逆耳'，敢于直言不讳的朋友才能够帮助你进步啊。女儿，你该为自己拥有一位好朋友而高兴！"女儿点点头说："老妈，我明白了。我这就和可可逛街去……"

很多时候，十几岁的女孩不会分辨好坏话。此时，我们要及时帮她辨别真正的心灵之友，找一些有利于女孩进步的人交往。朋友相交，不是看重物质层面的给予，要看精神层面的给予，看对方能不能给女孩带来有益的影响。

方法二：引导女儿远离趣味低级的朋友

一位父亲的教育经验是这样的：

13 岁的女儿放学回家一脸兴奋的表情，我见到后，急忙询问原因。女儿说："没想到孙杰的胆子这么小。今天黄丹让我抓一只青蛙放在孙杰的铅笔盒里，一个大男生竟然被吓哭了，哈哈！"我立即问女儿："黄丹是谁？"女儿说："我们班新转来的一个同学，她特别好玩儿，我和她在一起特别开心。有一次，她同桌上课起立回答问题，她就把同桌的椅子撤走了。她同桌答完题一坐下，摔了个屁墩儿，真是乐死我了。"我听完这些，严厉地对女儿说："黄丹欺负同学，还老是恶作剧，这种行为非常不好。爸爸建议你远离黄丹，找一个真正对你有益的朋友，你觉得呢？"女儿想了想，便答应了我的要求。

朋友不是因低级趣味相投而聚合。志同道合的朋友，是一群具有远大人生理想的人，他们胸怀大志，愿意为理想而奋斗，这类朋友才能成为女孩事业上的合作伙伴。相反。那些功利心强、唯利是图，见困难就让、见利益就上，胸无大志，正经事不做，鬼点子、馊主意却一大把的人，不能做女孩志同道合的朋友。父母一定要让女孩远离这类恶友。

第30招

“朋友总是借钱不还”

——如何教女儿处理友谊和金钱的关系

女孩的困惑

上高中之后，我开始住校，父母给我的生活费也开始多了起来。前一段时间，有个关系还不错的女同学朝我借钱，我就借给她了，可是这都半个多月了，她也没说还钱的事情，而我也不好意思张嘴要，我该怎么做呢？

俗话说：“用金钱买来的友谊最终也会因金钱而失去。”是的，金钱不能成为朋友之间感情的纽带，否则当有一天金钱失去了效用，友情也就不存在了。不过，对于大多数青春期的女孩来说，极度渴望友谊的她们，是不是用金钱做纽带对她们来说根本不重要，甚至有些女孩甘愿去花很多钱来维持她认为的友谊。

灵薇今年上初三，是一个不善言辞有些害羞的女孩，平时朋友很少。可是前段时间，妈妈发现灵薇开始经常把“我朋友”三个字挂在嘴边。刚开始妈妈还很欣慰，以为女儿终于开窍，懂得结交朋友了。可是后来她发现女儿这一切的“友谊”都是靠她的零花钱得来的，例如灵薇经常借钱给她的那几个“好姐妹”，周末也是自己请客，这样一来她的花销一下子增加了很多，和父母要钱的次数也逐渐增加。妈妈不想灵薇当“冤大头”，可是也不想灵薇因此失去朋友，可这样的“友谊”对灵薇来说真的长久吗？

灵薇母亲的担心不无道理，毕竟作为成年人来说，我们深知真正的友谊是不需要金钱来维持的，当然也没必要用金钱去检验友谊的深浅。

不过，青春期的女孩是未成年人，她们对待友谊的渴望往往导致她们错误地判断友谊与金钱的关系，甚至很多女孩认为金钱才是检验友谊的唯一标准。例如生活中时常会听到女孩们这样说：“连钱都舍不得借给我的朋友根本不算我的朋友。”也有的会说：“我发现给自己好友花钱之后，她们更愿意跟我玩，甚至还听我的话。”还有些女孩说：“我要是在钱的方面表现得小气，朋友们就会冷落我，我害怕被孤立，所以我宁愿在朋友身上多花些钱。”

由此可见，女孩对于友谊的渴望以及自身自信心不足的原因，导致她们在面对“友谊与金钱”的问题时，常常会感到无所适从或者采取了错误的应对方式。所以作为女孩的父母，我们应该引导女孩正确处理金钱与友谊的关系，帮助她们认清什么才是真正的友谊。

方法一：教女儿掌握一些处理“金钱与友谊”的方法

一位母亲这样讲述了发生在女儿身上的事情：

我女儿今年上高一，最近一回到家就习惯性地向我要钱：“妈，给我100块钱。”我不解地问：“这个月的生活费又不够了吗？”女儿说：“我朋友遇到点事急需用钱，她不敢向家里多要，所以我帮她凑一点。她说以后会慢慢还我。”结果半年过去了，女儿的那位朋友还没有还钱，女儿心里一直记挂着这件事情，可又不好意思向同学要，甚至总是怀疑那位朋友当初是故意向自己借钱，现在又“故意”忘记的，慢慢地她对那位朋友产生了隔膜和芥蒂。

其实，青春期的女孩都希望自己在他人心目中是一种正面形象，例如慷慨大方、善解人意、豪爽直率、值得信赖……所以为了获得这种“形象”，她们愿意用“金钱的付出”为自己加分，但同时她们也希望朋友能这样对待她们。而一旦自己的期待失望，自己就会和好友之间产生问题，如果这种问题不能正确处理，那么女孩很可能因此失去朋友，甚至和朋友变成敌人。

因此，作为父母，我们应该引导女儿掌握一些处理“金钱与友谊”的方法。例如告诫女儿不要盲目地借钱给自己的朋友，同时也不要随便向同学借钱，也不要学会“打肿脸充胖子”请客吃饭，一定要根据自己实际的经济状况来消费。当然我们也不能让女儿在众人眼中变得小气、吝啬，而是引导她多看一看朋友借钱背后的原因，让她学会乐于助人。

方法二：告诉女儿金钱不是友谊的试金石

一天，赵爸爸突然接到女儿湉湉班主任的电话，说是女儿竟然收钱让自己的同桌抄作业。老师已经撤掉了湉湉的大队长职务，并且让她做深刻检讨。湉湉回到家之后，忐忑不安地对爸爸主动交代了事情的经过：“今天早上，我同桌让我把物理考卷借给她抄，平时我们感情就不错，所以我就同意了。没想到下课后她塞给我三块钱，我虽然有些惊讶，但是班里很多同学都这样做过，所以我就没有多想。可却被老师发现了，不但狠狠地批评了我，还撤掉了我班里的职务。我知道她也给您打电话了，您要是想批评我就批评吧。”看着战战兢兢承认错误的女儿，赵爸爸笑了一下，拍拍女儿的肩膀让她放松，然后和女儿面对面地坐着交谈起来：“女儿，你一直很聪明，怎么会犯这种错误呢？如果同学有难题，你应该帮她解答，这样你们之间的关系会更要好，可是你收了钱意义就不一样了。更何况你还是班干部……”湉湉听了羞愧不已，把头低垂到了胸口，脸也腾地红了。通过这次谈话，湉湉知道了这样一个道理：友谊不能与金钱画上等号。

没错，金钱不是友谊的试金石，虽然说在一定程度内，金钱可以检验朋友对你是不是真心，但那只是友谊标准中的一项。

因此，我们应该告诉青春期女孩，她们所要拥有的真正的友谊应该是这样的：彼此有共同的兴趣、价值观和道德观；自己身上有令朋友看重的优点，让朋友觉得自己很重要，值得信赖；能够发现朋友身上的优点，让你有一直结交的愿望；彼此能够真诚沟通，而不是只说一些“场面话”；即使伤害过，也懂得宽容、理解和忍让，并且仍然乐意与自己交往，这样的朋友才是真正的朋友……

第31招

“我很爱他”

——怎样帮女孩分清“爱”与“喜欢”

女孩的困惑

我们班上的××，学习又好，长得又帅，有好多女生都偷偷喜欢他，我也是。而且我们两家离得很近，同学们常拿我们开玩笑，说我们是“青梅竹马”，虽然人前我表现得不屑一顾，但是内心深处觉得自己已经爱上了他，可我分不清这究竟是喜欢还是爱。

现实生活或者影视剧中，我们常会听到这样一句话：“我很喜欢他（她），但不爱他（她）。”那么喜欢与爱究竟有什么区别呢？社会心理专家鲁宾对爱和喜欢的关系曾进行了系统的研究，他发现爱不是喜欢的一种特殊形式，爱与喜欢根本就是两种不同的情感。

通常来说，喜欢与爱的区别主要表现在以下几方面：

1. 不同的亲密要求。相爱双方不仅有高度的情感依赖，而且会渴望亲密的身体接触，喜欢的要求就相对弱些。

2. 不同的依恋程度。陷入爱的世界的人在感到孤独时，会强烈地想让对方来陪伴和安慰，而喜欢则不会有同样的表现。

3. 不同的利他表现。爱会让人告诉关怀对方的情感状态，觉得让对方快乐和幸福是自己义不容辞的责任。爱会表现出高度的宽容，即使是那些自负、自私的人，在真正爱着对方时也会表现出某种理解、无私和宽容。而喜欢是一旦被幻想打破就有可能消失或转移的情感。

通过了解以上爱与喜欢的区别，相信大多数青春期女孩的父母在女儿“恋情”的问题上，已经知道怎样去引导女儿认识爱与喜欢的区别。

其实，女孩进入青春期后对异性产生好感是一种很正常的现象，这和她们体内的雌性荷尔蒙有莫大的关系。换句话说，女孩青春期对异性的关注是从“喜欢”开始的，更多的是好奇和懵懂。当然，我们也不能否认她们在十几岁就真心爱上某个男孩。所以，我们不能盲目地阻止女孩喜爱异性，而是要引导她自己认清爱与喜欢的区别，让她明白究竟对那个“他”是一时的迷恋还是真正的爱，只有这样才能正确引导女孩对待自己的恋情。

下面这些建议希望能给青春期女孩的父母们带来一些启示：

方法一：帮助青春期女孩分清友情与爱情的界限

涵蕾今年17岁，在父母眼中她一直是个很听话的女孩。可是有一天老师打电话告诉涵蕾家人，一向品学兼优的涵蕾竟然逃学了，这让家人大吃一惊。后来，家人终于在一家网吧里找到了她，看着涵蕾低垂着的头，父母没有大声斥责她，而是把她带回家，像对待朋友那样和她谈心。

涵蕾对父母说：“我也不知道自己怎么啦。我发现自己特别关注一个男孩，眼睛总是追随他的身影，什么话都想和他说，做什么事情都希望他在我身边，看书、睡觉时我满脑子都是那个男孩。我想我早恋了……”

通过涵蕾的这番话父母才知道，原来女儿是因为对一个男孩有好感而烦恼。父母很了解涵蕾,女儿一定是因为怕“早恋”而成绩下降，害怕令老师和父母失望，所以才选择逃学。父母告诉涵蕾她对男孩有好感是一种正常现象，很有可能只是一种亲密的友谊关系，不用特别担心，接下来父母又给她讲了一些爱与喜欢的区别……

由此可见，青春期女孩对“爱与喜欢”的迷茫是一种正常现象，父母要做的就是让女孩认识到，爱与喜欢虽然密切联系，但两者是不同的情感和概念。

例如，爱，代表着愿意为对方无条件地付出，而不求回报；喜欢，仅代表个人心理感受，它包含“想拥有，想得到”，当见到喜欢的人或事物时，自身感觉到快乐。当喜欢达到一定的强度，我们愿意为之付出更多的物质、时间、情感，甚至倾其所有时，就上升为爱了。

因此，父母应教会女孩区分她对对方的好感究竟是一时的喜欢，还是发自内心的真正的“爱”。这样女孩才不会因为内心对异性的倾慕而影响自己的生活和学习。

方法二：为青春期女孩营造宽松的交友环境

一直以来，父母给千萍创造的都是一种宽松自由的交友环境，父母希望女儿能结识各种各样的朋友，但前提是这些朋友都或多或少地给她一些正面影响。不过，千萍进入青春期之后，爸爸妈妈发现她经常和一个男孩走得很近，甚至有一次爸爸下班回家看到她和那个男孩很亲密。千萍似乎也觉察到爸爸妈妈已经知道了她的“秘密”，所以她总是避着家人。于是爸爸找到一个合适的机会对女儿说：“老爸并不反对你交朋友，只要你学习不下降，我会很支持你！”千萍听完爸爸的话之后，原先的尴尬和忐忑都没有了，她开始更努力地学习，而且感情问题也处理得很好。

青春期女孩爱慕异性，这是一种很自然、纯洁的情感流露，但并不是严格意义上的“恋爱”，不过，大多数青春期女孩都常常误以为自己对异性的倾慕是“爱”。所以，面对这种情况，父母应该为女儿创造一个宽松的交友环境，让她在与异性交往中建立友谊，进而破除女孩心中“男女之间的交往就等于恋爱”的狭隘观念。

第32招

“每天会偷偷想他”

——如何帮助女儿走出暗恋的迷宫

女孩的困惑 

我非常喜欢隔壁班的一个男生，每天上学的时候我都故意走到他们班，然后看他在做什么。有好几次我都想表白，可是又怕被拒绝。这种单相思的折磨真是快把我逼疯了，我怎样才能让自己在这场“单相思”里更好过一些呢？

进入青春期的女孩爱慕异性，这是一种很正常的心理发育现象，而“暗恋”是这场“爱慕”里的“常客”。

所谓暗恋，是指一方对另一方的以一厢情愿的喜爱与倾慕为特点的畸形爱情。通常来说，暗恋对于大多数青春少女来说就像一场美丽的“爱情误会”，是一种情感错觉。例如有些女孩可能是因为对方帅气的外表而倾心，或者是因为对方学习好而喜欢，或者是因为对方笑起来比较迷人而喜欢，也可能是对方体贴、温柔的性格而喜欢，总之暗恋是自己的主观感受，而对方毫无知情，甚至根本就不认识自己。

小娟今年要上高三了，可是最近她特别烦恼，根本没心思学习。因为她发现自己悄悄爱上了班里的体育委员，一个长相帅气、学习优异，又很有文艺才华的男孩。小娟记得有一次自己生病了，但还是坚持上课。下课后，那个男孩不但给自己买了一盒感冒药，还温柔地嘱咐她回去多休息，虽然那个男生也经常这样关心其他的同学，但小娟觉得他对自己的关心是与众不同的。

从那之后，小娟就特别想要听到他的声音，看到他的笑容，有时还为此魂不守舍，上课老走神，她甚至希望自己天天生病以期待得到那个男孩的关心。但是对方却没有丝毫察觉，依然那么热心地关心同学。有时小娟看到他和班上那些出色的女孩融洽地相处在一起，就感到特别自卑。暗恋一个人很痛苦，可她又不敢和别人说，现在她根本没心思学习了。

其实，在青春期的女孩与男孩的爱恋中，“落花有意流水无情”的事情时常发生，毕竟暗恋不是两情相悦，它会让女孩觉得痛苦、不知所措，甚至想要去证实对方对自己到底有没有“意思”。而这个证实的过程和最后的结果同样会令女孩焦急、无助、痛苦，因此作为父母，我们必须要引导女孩正确对待“暗恋”，教会她们正确处理遇到的感情问题。

方法一：尊重青春期女儿的“感情”，帮她正确排解不良情绪

一天，青少年心理咨询中心接到了一位母亲的邮件：

我 18 岁的女儿今年刚上高三，学习成绩一直很优异，而且长得很漂亮，在学校很受异性关注。但她生性内向，不善言辞，3 年前喜欢上同班的一个男孩，一直不敢向对方表白，只能在自己心里思念，结果搞得她精力涣散、失眠、焦虑、急躁，学习成绩也跟着下降。我们了解了女儿的情况之后，并没有及时帮助和引导她化解不良情

绪，甚至还责怪她“不务正业”，结果女儿认为我们根本不尊重、不理解她，竟然在高考前夕离家出走了。我真不知道现在要怎么办了。

女孩进入青春期后，随着性生理的成熟、性意识的萌动、影视媒介的刺激等，她们身上会出现很多暗恋的故事，可能有的令人倍感甜蜜，而有的令人肝肠寸断，而且大多数青春期的“暗恋”都会随着青春的脚步变成回忆里的一首小插曲。

因此，父母没必要对于女儿的“暗恋”太过担忧，而是应该学着尊重她的“感情”，因为懵懂青春期倾慕异性没有错，值得我们尊重和理解。另外，面对暗恋带给女儿的困扰，我们给予女孩的不应该是批评和指责，而应该是帮助她排解不良情绪，让她从焦虑、无助的情绪中早日解脱出来。

方法二：引导青春期女孩正确处理“暗恋”情绪

一天，小冰吞吞吐吐地告诉妈妈，她暗恋上了一个男生，而且最近经常想起那个男孩，想起他们之间有过的交集。小冰觉得自己的“暗恋”已经开始严重影响学习，但她越是想拼命压制不去想那个男孩，对那个男孩的思念就越深，为此她感到非常苦恼和着急，希望妈妈能帮助她走出这个困境。妈妈告诉小冰，像她这种情况是一种正常现象，是青春期女孩生理与心理成熟的标志，没必要太害怕和自责。妈妈建议小冰多充实自己的生活，让自己没有时间瞎想。接着妈妈又对小冰说：“不要刻意去压抑那种情感，在学习的空余时间去想念自己喜欢的男孩，这也是一件很幸福的事情啊！你把它当成一件正常的事情，心里就会坦然很多，但如果进一步发展就有危险，这也是你不想看到的，所以你自己一定要掌握好度，不要让自己失控。”之后，妈妈还建议小冰多为其他同学或事情留出一些时间，例如帮学习不好的同学补课，多为班级做点事情。听完妈妈的建议，小冰变得轻松多了。

看吧，只要父母对陷入“暗恋”的女孩多加引导和宽慰，她们就会做出正确的选择和找出合理的应对方式。但如果你一听说自己女儿“暗恋”或者和某个异性走得亲近，就觉得发生了“大事”，甚至草木皆兵，那么对女孩来说一点儿好处都没有。

因此，父母应该首先从心底里认同暗恋是正常现象，不要把其当成洪水猛兽，然后让女儿也认同这是件正常事，让她能够自然而快速地度过这个“暗恋”时期，更加健康、积极地生活、学习。

第33招

“我有恋爱的自由！”

——女儿谈恋爱了，怎么办

女孩的困惑

我知道我还是个初中生，但我已经有喜欢的男孩了，并且我们还确定了恋爱关系。可是这件事情被我爸发现了，他不但不顾我的反对硬给我转校，还切断我和男友的一切联系。不就谈个恋爱吗，他至于这么阻止我吗？难道我没有谈恋爱的自由吗？

嘉欣是个16岁的漂亮女孩，妈妈发现女儿上了高中之后，变化特别多。以前最多和她顶顶嘴，现在动不动就发脾气，而且学习下降，购物的热情反而高涨，甚至越来越注意打扮自己。有一天，妈妈偷看嘉欣的日记，发现女儿班里有个男生喜欢她，她也对那个男孩有好感，两个人似乎已经确定了恋爱关系，正打得火热。自从知道了这件事情，嘉欣妈妈没有一天睡过安稳觉，不是担心嘉欣因为恋爱耽误学习，就是害怕女儿一时冲动惹下后悔终生的事情，可是每当她对女儿说恋爱的事情，女儿就大吼着让她“不要管”，担忧的她真不知道怎么办。

像嘉欣这样的青春期女孩在现实中有很多。很多女孩进入青春期之后，会变得叛逆、情绪冲动、爱美，也会遇到很多青春期的恋情问题，这些都是很正常的青春期现象。

青春期的女孩原本对同伴情感就有着强烈的需求，尤其是对异性的情感，她们充满着好奇和向往。所以当你意识到自己的女儿有了喜爱的异性，那么首先不要惊慌，因为这个信号告诉你：女儿长大了。其次，你要学着相信女儿，相信女儿对于她的选择有自己的理由和决心，然后给予女儿正确的指导。最后，女孩谈恋爱的信号也提醒父母们，在女孩的心目中可能存在爱的缺失，所以她们需要从异性身上获取关爱。

当然，“早恋”这个话题对于女孩父母们来说很敏感，所以有些父母当听说女儿“恋爱了”，就会很着急，甚至会采取一些强硬手段来“切断”女儿的恋情。但凡事“堵不如疏”，面对女孩青春期的恋爱问题也是如此，要想从根源上解决女儿“早恋”的问题，父母们必须找出好的引导方法。

方法一：试着和青春期女儿“约法三章”

教育专家认为，现在管教青春期的女孩不能再用以前的严父慈母方式，而是应该多和她们沟通。尤其是女孩在青春期喜爱异性这件事情上，这是很自然的，是女孩成长的一部分。假如父母强力反对，那么对女孩会造成很大压力，更会使家庭关系变得十分紧张。

面对女儿刘乐谈恋爱的事情，刘爸爸没有完全放任女儿，而是和女儿约法三章，要求女儿不能荒废学业，而且绝不能偷吃禁果，让她明白一时的冲动做出不负责任的事情，对双方都是一种伤害，并且女孩会付出更严重的代价。没想到这招对刘乐真的很奏效，她和那个男孩正经交往一年后分手了，刘爸爸虽然感觉自己松了一口气，但他也知道以后女儿还会有第二个、第三个男朋友。他很庆幸自己和女儿已经建立了很亲密的关系，女儿也已经知道自己开明的态度，同时也懂得尊重他。

其实，青春期女孩谈恋爱这件事情不是成人阻止就能妥善解决的，只有理智和冷静地对待这件事情，才不会让女儿受到过多伤害。所以，父母不妨和女儿“约法三章”，让她学会平衡恋爱和学习的天平，懂得自己掌握在恋爱中的界限，学会对自己和他人负责。

方法二：帮助青春期女孩树立正确的恋爱观

周佳是在高考前三个月被父母发现谈恋爱的，父母的意思是让她和那个男孩分手，但是周佳反应很强烈，说已经两年了分不开了。父母怕强硬拆开他们会影响女儿的复习和高考，就允许女儿和她男朋友课间短暂交流思想，其他时间认真学习，可是周佳根本不听父母的劝告，精力根本没有全部用在学习上，而且脾气很大，动不动就冲父母吼，父母愁得都不知道拿她怎么办才好。

女孩在高考时期心理压力很大，所以有时她们渴望找一种方式来发泄心里的厌倦、烦恼和郁闷情绪，这时和喜欢的异性倾诉或者从异性那里获得某种心理满足，她们就会觉得心里的压力相对少一些。

但是她们毕竟是未成年人，换句话说她们对待恋爱的认识还不全面。因此，父母应该告诉她们，真正的爱是宽容、责任、体谅和义务，是一辈子的承诺和关怀，不是一时的意乱情迷或者两个人开心地在一起。如果一个女孩做不到自强自立、自尊自爱，那么她是没有能力去付出爱，也不够资格获得爱。

我们还应该告诉女孩：青春期，并不是播种爱的季节，它只是准备和学习如何去爱的阶段。她们应该做的是增长知识与能力，让自己能自立自强地生存于世，并且拥有健全的心理与人格，才能让自己自信从容地爱与被爱。

第四章

受欢迎的女孩最命好

教给女孩必须掌握的交往之道

“人际交往”这堂必修课对于青春期女孩来说十分重要，因为良好的交际能力、修养、气质等，会给她们增添更多的魅力和自信。但是女孩们同样也会遇到很多问题，例如：“我怎么样才能让自己变成一个举止优雅的淑女呢？”“我有‘社交恐惧症’,怎么办？”“每次和别人交谈,我的语言表达能力都很差，怎么办？”“我根本不懂得拒绝别人的要求，有什么办法可以让我说‘不’吗？”

导致社交恐惧症相关的因素有很多，有的女孩生来性格内向，害怕与人交往。还有的女孩与父母的关系不好，体会不到家庭的温暖，整天生活在父母的指责中，这对青春期女孩的社交能力发展十分不利。不管出于何种原因，父母都有责任正确引导女孩远离孤独，积极与人交往。

第34招

艺术爱好熏陶出优雅女孩

——如何打造举止优雅的淑女

女孩的困惑

我吃饭快一点，我妈就说我没有女孩子的样子，她还说我走路像个男孩子，一点儿都没有女孩子的轻盈美态。我也想变成一个举止优雅的淑女，但是我真的不知道怎么改变现在的自己。

无论时代如何变迁，年轻一代的审美观如何变化，青春期女孩的父母们还是希望自己的女儿能够成长为一个谈吐不俗、举止优雅的淑女。

的确，举止优雅带给青春期女孩的好处实在是太多了，它不仅能赋予女孩柔性、大气、得体之美，更为女孩成为淑女奠定了强有力的基础。

进入成人世界后，我们更不难发现，举止优雅将会为长大后的女孩带来怎样的人格魅力。

但是现实生活中，不少女孩因为性格外向，常常会像男孩子一般，不拘小节，大大咧咧的，还时不时地给父母制造一些小麻烦，很让父母头疼。

接下来，让我们来看看下面这位母亲在培养女儿淑女气质中遇到的问题吧：

我女儿今年10岁，是一个大大咧咧的女孩。别人家的小姑娘说话都是细声细语的，但是我女儿却是个“皮猴子”，不仅大声大气地说话唱歌，还经常和附近的女孩一起去摔跤、爬树，没有一点儿女孩的样子。我怎样才能培养出一个淑女呢？

的确，生活中，有些女孩天性好静，而有些女孩天性好动。因此，如果想将自己的女儿培养成真正的淑女，父母们就应根据自己女儿的具体情况，因材施教。一般来讲，对于性格外向的女孩，父母可以积极地引导女儿将过剩的精力转移到一些有益的兴趣爱好中来，如，让女儿学习钢琴、古筝、舞蹈等等；对于性格内向的女孩，父母应多给予赞扬和鼓励。

方法一：转移女孩过剩的精力

生活中，男孩的父母都很羡慕女孩的父母，认为小女孩安静、乖巧，非常好教育。但事实上，大部分女孩父母却并不这么认为，因为现代的女孩们大都比男孩还要淘气。父母们整天看着自己女儿像男孩子一般上蹿下跳，非常发愁，一方面他们不希望自己的女儿长大成人后变成一个事事大大咧咧、毫无女人味的男人婆；另一方面，他们也不想扼杀女儿的天性，毕竟小女孩精力旺盛，好动淘气也是正常的事儿。

那么，难道生活中的父母就没有什么别的办法来改变自己“假小子”一样的女儿了吗？不要着急，答案当然是肯定的。一般来讲，女孩多动、淘气，大多因为精力旺盛，得不到宣泄，此时，父母不妨试着将女儿过剩的精力转移到一些安静的兴趣上来，培养其优雅的举止。

小雪的爸爸在这方面做得很好，女孩的父母不妨借鉴一下：

14 岁的小雪不但喜欢翻单杠、爬云梯，而且那些女孩不敢玩的器械小雪也会试上一试。虽然这些爱好表现出了小雪的勇敢，但是爸爸并不喜欢小雪的这些“男生”爱好，他希望女儿成长为一位淑女。

一段时间后，爸爸想出了一个办法：他可以教小雪一些比较安静的事情，比如，下棋、钓鱼、集邮，这样就可以把小雪的精力从翻单杠、爬云梯转到这些“淑女”的爱好上了。几天后，爸爸便开始把计划付诸实施。

爸爸先是教小雪下棋，还买了一些邮票送给小雪，鼓励小雪集邮；到了周末，爸爸会带小雪去钓鱼。一次，爸爸带小雪来到湖边钓鱼。开始钓鱼的时候，小雪很高兴地坐在岸上等待鱼儿上钩。过了一会儿，小雪露出了不高兴的表情。爸爸看到小雪皱着眉头，知道她已经坐不住了，就故意说：“小雪，今天爸爸钓到的鱼肯定比你多。”小雪不服气地说：“那可说不定。”看到女儿不服气的样子，爸爸趁机提议说：“如果不相信，那我们今天就比比谁钓到的鱼多。”小雪笑着点头：“好啊！”

然后，小雪没有继续跟爸爸聊天，而是屏住呼吸等待鱼儿上钩。看着小雪认真的样子，爸爸露出了微笑。在爸爸的长期训练下，外向、精力充沛的小雪变安静了许多，行为举止越来越淑女了……

故事中的爸爸是智慧的，他正确引导孩子把过剩的精力用在一些安静的事情上，既拓展了女儿的兴趣爱好，也培养了女儿安静专注的习惯——让原本淘气的假小子，变成了一个文静的小淑女。

方法二：父母应以身作则，让女儿知道什么是优雅

上初一的珊珊的妈妈是一家建筑公司的项目经理。由于工作的关系，她非常豪爽，说话粗声粗气，有时候还大声地批评下属。在妈妈的影响下，珊珊也变得“不拘小节”，说话唱歌都喜欢大喊大叫，

玩耍时把玩具弄得“身首异处”；有时候她还带着小姐妹去和其他的女孩打架，俨然成了“土匪头目”。

由上面这个例子，我们便不难看出这样一个问题——父母的一言一行对青春期女儿的影响是巨大的。如果父母不注意自己的言谈举止，行事大大咧咧，那么女儿自然也会大大咧咧起来……所以，要想把女儿培养成谈吐不俗、举止优雅的淑女，父母首先要检讨自己的言谈举止是否足够优雅得体。只有这样，你们的女儿才能在你们良好的熏陶下越变越文静，越来越优雅，成为一个人见人爱的淑女。

第35招

集体活动让女孩不再“怕见人”

——如何克服“社交紧张”情绪

女孩的困惑 

我觉得自己上了初中后得了“人群恐惧症”，很害怕待在人多的地方，如果是和同学在一起，我就尽量让自己躲在不起眼的地方，我担心自己不会说话让别人不喜欢我。可是我心里非常想改变这一切，想让自己成为人群中的焦点，我要怎么改变呢？

14岁的欣如是一个学习成绩非常优秀的女孩，但是性格比较害羞和内向。老师看她学习好又比较负责任，于是就让她来当班长。但是欣如仅仅当了两周的班长就向老师提出了辞职，因为她根本管不了大家，同学们也都不知道怎么和她相处，因为她总是一副拒人以千里之外的态度。最后，老师没有办法，只好换了另外一个人缘和组织领导能力不错的女孩当班长。

由此可见，青春期女孩的社交能力对于她未来发展起着多么重要的作用。据成功学专家陈安之先生介绍，成功等于30%的知识加

70% 的人脉。那些社交能力强的女孩很容易结交朋友，而且也因为广泛的人脉，让她更容易取得成功和进步。相反，那些患有“社交恐惧症”和在人群中具有“社交紧张”情绪的女孩，她们会越来越不愿意和人接触，过着孤独甚至离群索居的生活，苦闷、寂寞的情绪常常包围着她们。

原本，社交能力就是女孩们立足社会必须具备的基本能力，虽然在社交方面她们先天优势不如男孩，但是一个人的社交能力是完全可以依靠后来的培养、引导和锻炼出来的。更何况，青春期女孩社交能力的强弱直接关系到她以后是否过得幸福。

因此，作为父母，我们应该想办法帮助和引导青春期女孩克服她的“社交紧张”情绪。下面就给父母们提供一些解决办法：

方法一：鼓励青春期女孩参加各种社交活动和集体活动

一位母亲曾经这样谈到自己的育女经验：

我女儿今年 14 岁，是一个社交能力非常强的女孩。从小学到初中二年级，她一直担任班长的职务，并且把班里管得井井有条。女儿现在所在的班级是一个有名的“刺头班”，有几个调皮的男生连老师都管不了，但他们却听从女儿的安排。女儿能够体现出这样高的社交能力，我想和我一直以来对她的引导是分不开的。

其实，从女儿很小的时候我就经常带着她参加一些社交活动，而且让她自由地和同龄的孩子相处，例如我会经常带她参加音乐会、画展以及朋友间的聚会，让她熟悉各种场合的社交礼仪以及交往方式。周末闲暇时候，我也会带她到超市、邮局、商场去逛逛，让她接触一下不同的人群。每到女儿生日的时候，我还会帮助女儿策划一个生日会，让她当生日会的主人，以谦让有礼的态度去接待客人。等到女儿上了中学之后，我时常鼓励她参加或者自己组织一些集体活动。通过这一系列有意识的培养，女儿的社交能力比同龄的孩子要强很多，甚至比很多男生都要强。

像这样多带女儿参加各种社交活动以及鼓励她参加学校集体活动，既可以让女儿学到一些基本的社交礼仪，还会让她们取得良好的社交经验。当女孩接触过了各种场合和人群，她们就不会再害怕和他人打交道，社交能力也自然会得到很大的提升。

方法二：引导青春期女孩多掌握一些交往技巧

因为父母调动工作的原因，11 岁的向雪不得不转学离开自己熟悉的朋友。刚到陌生环境的向雪很不适应，她不知道怎样和新同学交朋友，所以放学回家后总是沉闷闷的。妈妈得知这种情况后对向雪说：“你刚到一个新环境，肯定和大家都陌生，你那些新同学可能也想和你说话或者成为好友，你为什么不主动一点儿呢？”向雪为难地说：“我要怎么主动啊？”妈妈说：“首先你要主动和老师、同学打招呼，而且要面带微笑，让大家感觉到你的诚意。你平时不是很喜欢看书吗，明天你可以带着自己喜欢的书去学校，说不定同学也有和你一样的爱好，这样你们就有共同话题了。还有，和新同学交朋友的时候，尽量多表现出你的宽容、大度，一定会有同学喜欢和你交朋友的。”第二天向雪按照妈妈教给她的方法去做，主动和老师、同学打招呼，总是面带微笑，上午课程结束后她就和两个女同学相处得很融洽了。

其实，向雪的妈妈在和女儿的谈话中，告诉了她很多人际交往的技巧，例如主动打招呼、分享、微笑、宽容等，这些不但会让女孩拥有朋友、融入集体，也会让她学会如何在人际交往中与他人友好合作，进而增加自己成功的可能性。

当然，还有很多人际交往技巧我们可以传授给青春期的女孩，例如让女孩学会耐心等待，遵守规则，学会沟通和赞赏，学会倾听，拥有自信和友善的姿势，以及注意自己的仪表整洁，等等。

第36招

懂礼仪的女孩更有魅力

——如何培养女孩注重个人礼仪

女孩的困惑 

昨天家里来客人，我妈非让我帮忙招呼，可是又嫌弃我穿衣服邋遢对客人不礼貌，一会儿又说我说话冷冰冰不会待人接物。家里又不是五星级饭店，用得着这么较真儿吗！可我妈非说我没修养，在客人面前言行举止都有问题，我真是头疼死了！

有个女孩曾经写下了这样一段有意思的话：

女孩比男孩好，因为女孩闭着嘴巴吃东西；

女孩比男孩好，因为女孩不挖鼻孔；

女孩比男孩好，因为女孩的头发梳得更漂亮；

女孩比男孩好，因为女孩没有那么多的体味；

女孩比男孩好，因为女孩不会把房间弄脏；

女孩比男孩好，因为女孩看上去比男孩漂亮；

女孩比男孩好，因为女孩用的除臭剂比男孩多；

女孩比男孩好，因为女孩打喷嚏时会用手帕捂住嘴；

女孩比男孩好，因为女孩不会把头发弄得一团糟；

女孩比男孩好，因为女孩修面的次数比男孩多；

…………

事实上，大多数青春期的女孩子比男孩更注重个人礼仪，她们更干净整洁、讲卫生、懂礼貌；相比较大多数青春期的男孩来说，女孩子更看重个人仪表仪容、言谈举止和待人接物时的表现。

中国有句古话叫："不学礼，无以立。"英国著名教育学家斯宾赛也曾说过："礼仪修养是一个人全部品德的基础。"更何况一个女孩的个人礼仪，不但代表着她本人的素质和魅力，也体现着她受到的家教层次。

在现实生活中，那些礼仪得体的女孩总能得到人们的好印象，并且因为她得体的礼仪成为人际交往中的"宠儿"，而那些个人礼仪欠佳甚至表现糟糕的女孩，则很容易招致大家的嫌恶和讨厌。

因此，为了女儿的将来和人际交往着想，作为父母的我们必须着重培养女孩的个人礼仪。

方法一：让青春期女孩多结交懂礼仪的好朋友

有一位母亲的教育经验是这样的：

女儿生日宴的时候，她把自己几个关系好的女同学请到家里。我为这些女孩子特意准备了丰盛的饭菜和水果，其中一个女孩子特别讨我喜欢。因为她自始至终面带微笑，而且对我说话非常有礼貌，甚至在其他女孩子吵吵嚷嚷看电视的时候，她走到厨房要帮我的忙。后来女儿的生日宴结束之后，其他女孩子都闹笑着走了，只有这个女孩子留下来和我一起收拾"残局"，而且一直说："阿姨，你今天辛苦了吧！真是不好意思，我们太能闹腾了，一定把你累坏了。所以我来收拾，你去休息一会儿吧。"等到晚上的时候，我对女儿说："一直帮助我的这个女孩很懂礼貌、懂礼节，你可以把她当作"良师益友"！

以后，你也可以多交一些像她这样的朋友。”

俗话说：“近朱者赤，近墨者黑。”女孩子之间的影响是很大的，所以父母一定要帮助女孩选择良师益友。上述事例中的母亲很明智，她不仅通过那个女孩的礼貌行为判断出她有着良好的礼貌修养，还建议女儿多交对方这样的良师益友。其他女孩父母不妨借鉴一下。

方法二：引导青春期女儿在家中对长辈使用敬语

“谢谢”“请”“对不起”“您好”等是我们平时与人交际时常用的文明用语，不过通常都是在外出交际时使用，而在家里的时候，父母往往不要求女儿使用礼貌用语，认为这是无所谓的事情。这种做法并不恰当，因为女孩良好的气质和个人礼仪，不在于她在外人面前的表现，而在于这些是否成为她的一种习惯。

一位父亲的教育经验是这样的：

一天，女儿衣服上的扣子掉了，爱人就放下手中的家务活给女儿缝扣子。缝好之后，爱人喊女儿说：“女儿，扣子缝好了，你拿回房间吧。”女儿从自己房间出来，拿了外套转身就要回去。这时，我喊住她说：“你妈妈刚刚给你缝衣服这么辛苦、认真，你是不是应该谢谢妈妈啊？”听到我的话，女儿有些不好意思地对爱人说：“谢谢妈妈。”爱人笑了。我对女儿说：“看你妈听到你说谢谢多高兴啊，以后妈妈帮你的时候也这么说，妈妈会更开心的。”后来，当爱人为女儿做事的时候，女儿总会说：“谢谢妈妈。”

养成使用礼貌敬语的习惯，是青春期女孩培养个人礼仪最重要的一点。上述事例中的父亲有意引导女儿在家里用礼貌语言，久而久之，女儿就会形成一种习惯，对所有人都用礼貌敬语了。自然，也会无形中为她的个人礼仪加分。

第37招

微笑是女孩与人沟通的桥梁

——如何让女儿用好微笑的技巧

女孩的困惑 

我感觉跟同学交朋友很有压力，大家似乎都不喜欢我，有人说我脸上总是冷冰冰的，让人不敢靠近。可是当我试图笑着和同学们玩在一起时，她们却背地里说我笑得好假。我真不知道怎样才能和周围的朋友相处融洽了……

19世纪美国著名的盲聋女作家、教育家海伦·凯勒曾说过这样一句话：“我不美丽，也不健康，但我可以给别人带来快乐，因为我在微笑。”没错，微笑是可以跨越一切的“神奇语言”，是女孩与人相处时最好的表达方式。微笑可以帮助女孩和他人相处的气氛融洽，微笑可以架起女孩与人沟通的桥梁，微笑还可以协调女孩与他人之间的关系。总之，拥有了微笑，女孩就会显得自信、乐观，让人不自禁地想要对她表达友好和亲近，进而不自觉地缩短人与人之间的心理距离。

有一个成年女性曾这样讲述微笑带给她的益处：

当我第一次试着把微笑送给毛病多多的同桌时，她讶异之后马上也还给我一个微笑，似乎一下子我们成了多年的好友，那天我们上课都充满力量；当我第二次试着把微笑送给我一直视若无睹的报刊老板，他还给我同样真诚的微笑时，我发现天空变得那么美丽，就连路边的枯草都让我开心不已；当我再一次把微笑送给那位不小心把牛奶洒在我裙子上的侍者时，我感到了她发自内心的感激，这让我的用餐变得温馨和愉悦起来……后来，我学着把微笑送给身边的每一个人，我的父母、老师、同学、邻居，甚至偶然遇见的陌生人。我发现一个微笑带给我太多美好的东西，这里面有鼓励、称赞、尊重、信任、友好，当然也包含自责和歉意。这所有的一切美好感受都是微笑赐予我的，它让我更加自信、乐观，对生活充满希望和期待。

没错，微笑就是这样可以改变一个女孩的生活。尽管微笑只是一个很简单的动作——两边嘴角上扬，但它却是一种令人感觉愉快的面部表情，对每个人来说它都具有很大的价值。当然，越是看似简单的微笑，女孩想要真正掌握和运用它，越是需要一定的技巧。

我们所说的微笑技巧，并不是让父母们教女孩机械地牵动脸部肌肉，而是引导女孩学会发自内心的展现笑颜。下面我们就给父母们提供一些让青春期女孩用好微笑的教育方法：

方法一：引导女孩用真诚带动微笑的嘴角

周末家里要来客人，妈妈就让上初二的女儿倩倩一起帮忙招呼，并且在客人来之前妈妈再三叮嘱女儿说：“待会儿人家来了，你态度好点，勤快点，脸上别冷冰冰的，知道吗？”倩倩不耐烦地说：“我知道了，你都说过多少遍了，待会儿客人来我一直笑着总行了吧！”不一会儿客人来了，倩倩真像她自己说的那样一直笑着，只不过她的笑容很僵硬，甚至有点皮笑肉不笑。搞得客人偷偷地问倩倩妈妈：“你女儿是不是烦我们到你家啊！”妈妈听到客人的问话非常尴尬，但却拿女儿没办法。

微笑是直观展现在人们面前的脸部表情，所以大多数人都能感知到对方脸上出现的微笑是真诚的还是虚情假意的，当然也有很多善于伪装的人，让人辨别不出脸上微笑的真诚与否。但是唯有真诚的微笑才能为女孩的魅力长久加分，也才能让对方发自内心地感到愉悦。

因此，父母平时教导女儿为人处事面带微笑时，一定要告诉她：只有真诚的微笑才能打动人，也只有真诚才是运用微笑的最佳技巧。

方法二：给青春期女孩一把“乐观”的钥匙

有一位母亲的教育经验是这样的：

我女儿小时候生了场大病，现在走起路来一瘸一拐的，但这并没有让她闷闷不乐，自暴自弃。相反，她的脸上总是洋溢着暖人的笑容，只要有她在的地方，大家总能听到欢快的笑声。女儿非常积极乐观，学习成绩很优异，参加班级活动也从来没有落后，很多同学都非常愿意和她交朋友，因为他们说女儿会让他们感到快乐和友好。我想，女儿之所以变成现在大家眼中的“微笑天使”，和我对她的教育是分不开的。我经常给女儿讲张海迪和海伦·凯勒的故事，而且鼓励她每天起床先对着镜子微笑，慢慢地女儿发现如果自己微笑地面对生活，生活也会给她投以微笑，所以她的脸上总是挂着微笑。

人生不可能一帆风顺，女孩们在生活中总会遇到这样或那样的挫折或失败。如果她们能以乐观、自信的态度去面对，那么所有的遭遇都会变成她成长的“加油站”，她也会有更多的勇气和信心去面对人生困境。

所以，我们除了鼓励女儿勇敢地接受生活中的不幸和痛苦，更要教会她积极乐观地面对生活，用微笑来化解所有的磨难和挫折，这样她才会有一个更加充实、精彩的未来。

第38招

“爱说”和“会说”不是一回事

——怎样培养女孩的语言表达能力

女孩的困惑

最近语文老师举行了一个“课前五分钟”的演讲比赛，我虽然在课下准备得很充分，但是一站上讲台，我的脑袋就一片空白，说的话也开始前言不搭后语，糟糕透了。被同学们取笑我很在意，但我更在意自己糟糕的语言表达能力，我该怎么办呢？

语言是思维工具，语言是交际工具。一个女孩的语言表达能力直接影响到她的所思所想和人际关系，尤其是到青春期的女孩。如果她的语言表达能力很差，那么强烈渴望朋友的她会有很大的挫败感，甚至会导致她开始怀疑自己的能力。

有一个母亲就遇到了这样的事情：

我女儿今年上初二，从小她就是一个话很多的女孩子，但她总是说不到点子上，这让听她讲话的人仿佛坠在云里雾里。有一次，她在学校里做了一件好事，受到了表扬。回到家，她就想把这件事情告诉我，以便再次得到称赞。所以她开心地对我说："妈妈，今天在教室的时候，我和同桌在做游戏，我们玩的是小蜜蜂。后来另外两个同学也要一起玩，我一开始不同意，后来我又同意了。我们玩着的时候……"女儿讲了30分钟我也没明白她到底是想告诉我什么，于是我不耐烦地说："你拉拉杂杂地说什么呢，我一点儿都听不懂，听你说话真费劲儿。我还有事忙，你去写作业去吧。"后来我通过女儿的班主任了解到，女儿原来在学校捡了一个同学的小钱包交给了老师，受到了老师的表扬。

看吧，像这样不知道如何正确表达自己思想的女孩，有时候真让父母头疼。其实，女孩子语言能力的发展要比同龄的男孩早一些，当男孩子只能简单地讲几句时，女孩们都可以像"大演说家"一样侃侃而谈了。

女孩虽然有强烈的表达欲望，但到了青春期后，她们在语言表达能力方面就开始变得有些弱。就像下面这些父母所说的一样：

"我女儿10岁之前那是出口成章，可一进入青春期她反而文静起来，什么话都不爱说了。"

"我们家丫头才14岁，就整天唠唠叨叨地讲一大堆话，但是却让人听不出个所以然来。"

"我女儿虽然很能说，但是说出来的话都干巴巴的，一点儿文采都没有，根本提不起让人继续听她讲话的兴趣。"

…………

你的女儿是不是也像这些父母口中的女孩一样呢？事实上，大多数青春期的女孩都很能说、很爱说。但是因为她们表达能力弱，让听她们讲话的人，不知道她们在讲什么，反而会给人一种"啰唆"和"不知所云"的感觉。因此，我们应该努力提高女孩的语言表达能力。

方法一：有效培养女孩的表达能力

青春期女孩之所以语言表达能力弱，很可能是因为她们没有掌握一定的表达方式，不知道怎样把事情讲清楚，或者把内心的想法、意见清楚明白地表达出来。所以我们要注意教给她们正确有效的表达方式，培养其表达能力。

有一位母亲的教育方式是这样的：

一天，我和14岁的女儿一起去逛街。看着五颜六色、款式各异的衣服，女儿显得很兴奋，而且总是拉着我说："妈妈，你看这个衣服真漂漂！""妈妈，你看那个裤子怎么那样，这个款式会让人觉得有点那个什么！"……女儿说的话有些我能理解，有些我就不能理解。所以，我笑着对她说："说话怎么能只说半截，而且意思表达不清楚呢？这样可是很容易引起歧义的，用词准确别人才知道你真正想要表达的是什么！"女儿想了想我说的话，点点头。再后来，她想要对我讲述一件衣服或一件事情的时候，总是试着用最贴切的词语让我理解，并且讲话的目的也很明确。

所以，我们在女孩的学习生活中要随时注意对她语言能力的培养和引导，让她自己学会组织语言，把多种主要信息完整地表达出来，做到口齿清晰、用词准确、富于表现力等，这对规范青春期女孩的语言，令其说出完整的话非常重要。

方法二：锻炼青春期女孩当众说话的胆量和勇气

12岁的晓灵是一个口才很好的女孩，上个月还在学校的演讲大赛上获得了一等奖。很多和她同龄的女孩在人多的场合下还羞怯、怕生，她却不一样，在什么样的场合下她都不慌不忙，照样能够把话说得圆满得体。晓灵能做到这一点，和父母对她的培养是分不开的。

晓灵很小的时候，父母就注意培养她的语言表达能力。例如，鼓励女儿当众背诵古诗，在客人面前讲故事。等她稍大一些，妈妈就有意带她去一些公共场合，鼓励女儿去和商店的服务员、路边的老奶奶、游乐园的孩子等主动说话，甚至爸爸还常带女儿参加一些公益电视节目，晓灵见识了这些“大场合”，遇到其他场合自然就不羞怯、怕生了。

有很多青春期女孩在熟悉的人面前语言表达能力很强，但一到公共场合就“蔫了”。所以，父母要想让青春期的女儿拥有出色的口才和超强的语言表达能力，就要锻炼她们当众说话的胆量。

另外父母也要经常鼓励女儿多读书、多和人交流，尤其是和那些有智慧、有思想、语言表达熟练的人交流。因为经常和这些人交流沟通，女孩自然会受其感染，说的话也更有思想更有文采。

第39招

答应别人的事情，不可以反悔

——如何引导女孩以诚信待人

女孩的困惑

这周末我约了好朋友张丽去看电影，一大早我就按时到达了电影院门口，可是张丽迟迟不到。后来电影已经开始了，她还是不来，而且她也没有和我联系。我担心她来了找不到我，就拿着两张电影票一直等她。事后，她竟然说有事没去。她怎么可以这么没信用，我们不是说好了吗？

诚信为人之本，它自古以来就是中国人看重的道德标准，也是青春期女孩必须具备的道德素质和品质。很多父母会经常对女儿这样说“做人要诚信”“不能说谎”“答应别人的事情一定要做到”，等等，而且女孩平时接触的书籍、影视作品里也都有教她们做人要讲诚信的事例。

有一位父亲是这样做的：

周末，我打算带上初三的女儿去朋友家做客。本来早饭时候我告诉女儿这个消息时，她还表现得很兴奋，但是当我们打算出家门的时候，她突然停住脚步对我说："哎呀，我差点儿给忘了。老爸，我今天不能和你一起出门了，我已经答应李佳了。她今天要来我们家，我教她吹口琴。"

我看了女儿一眼，故作不在意地说："我还以为多大的事，你下次教她不就行了。等你回来和她说个'对不起'就行了，明天教也行啊。"

没想到，女儿坚定地摇摇头说："不行，李佳来了要扑空的。您平时不是一直教导我为人做事要讲诚信吗？我答应别人的事情，不可以反悔！"

听到女儿的回答，我高兴地说："听到这个答案我很高兴，你真讲信用。那你留下来等李佳，爸爸一个人去了。"

诚信讲究的是以诚待人，以信取人，它也是女孩博得他人的信任、和他人友好相处的最基本条件。诚信的品质比其他任何品质更能赢得他人的尊重，更能取信于人。所以，父母引导青春期女儿遵守承诺，就要从平常生活中的点滴小事做起。

当然，我们在教育女孩信守承诺之前，一定要让她学会首先考虑一下自己的能力。对于不能胜任的事情，就不要轻易允诺别人；而对于已经答应了的，就要遵守信用。另外，还要告诉女孩，如果她在履行诺言的过程中因遇到特殊情况而无法兑现承诺的时候，一定要向对方说明情况并表示歉意。

除此之外，父母在平时还可从以下几方面入手，把女孩培养成讲诚信的人：

方法一：学会不助长青春期女孩说谎的方法

有一个女孩在自己的博客中这样写道：

老爸今天给我的班主任打了电话，知道前些天进行了一次考试，而我考得很糟糕。但是我并没有和老爸提起过这次考试。所以，等我放学回来，爸爸就问我："这些天你们没有进行考试吗？"我有些胆怯地说："没有。"爸爸恼怒地说："我最讨厌撒谎了，快说，你为什么和我撒谎？我已经给你们班主任打过电话了。"后来，老爸狠狠批评了我一顿。

撒谎是每个青春期女孩都会经历的，可能大多数情况下女孩撒谎是迫不得已，但父母对此却是深恶痛绝的。所以很多青春期女孩的父母为了杜绝自己女儿的撒谎行为，不是严厉批评女儿，就是对女儿一顿暴打。这些做法当然是不对的，因为批评和打骂女孩并不能根治女孩的撒谎行为，相反会让女孩觉得恐惧，也让叛逆的她们越来越会撒谎，更谈不上诚信了。

因此，我们要想培养女儿的诚信，就要让她学会"不撒谎"，例如不要激发女孩防御性的撒谎，避免问"为什么"。通常那些正面的、叙述性的话语，更能让女儿接受，从而不会助长谎言的产生。

方法二：引导青春期女孩守承诺

有一位母亲的教育经验是这样的：

一天，我带女儿去参加公司的聚餐。饭后，女儿说想去朋友家玩，一会儿就能回来，我同意了她的请求。于是女儿从饭店出来，去朋友家玩儿了。一个小时后，我打电话给女儿："我在公司门口等你，你过来吧，我们一起回家。对了，你大概多长时间能过来呢？"女儿想了想："半个小时吧！"

女儿朋友家离我公司有些远，一个小时后女儿才赶到我公司门口。女儿过来后，我很生气地说："你怎么才过来，你不是说半个小时就能过来吗？我在这里已经等了你一个小时了。"女儿解释说："朋友家离这里有些远。"我说："我生气不是因为等你的时间太长，而是因为你不守信。你说半个小时能过来，就应该在半个小时内过来。既然事实是需要一个小时的时间，你就应该告诉我一个小时以后到，不需要骗我说半个小时就可以到。”女儿点点头。以后，她再也没有对我失信过。

无论什么事情，都是点滴积累起来的。培养女儿诚信的品德这件事儿也是如此，父母应该从细节上要求女儿做到诚实守信。当女儿没有做到诚实守信时，父母应立即指出女儿的错误，并且对其进行耐心的教导。只有这样,才能让青春期的女孩真正具备诚信的品质。

第40招

善于倾听的人会拥有更多朋友

——怎样让孩子养成倾听的习惯

女孩的困惑

我妈老说我年纪轻轻就像个话痨儿似的，根本不给别人说话的机会，只顾自己一个人在那里说，还说我经常打断别人说话不礼貌。我倒是没觉得有什么不妥，难道还不让我表达自己的内心想法吗？再说别人说得还不一定有我好呢。

儿童心理学家研究也表明，越是善于倾听他人意见的女孩，与他人关系就越融洽。因为倾听本身就是褒奖对方谈话的一种方式，女孩如果能够耐心倾听对方的谈话，等于告诉对方“你是一个值得我倾听你讲话的人”。这样一来，女孩自然会赢得很多朋友，获得别人的称赞和认同，对女孩未来的成长与事业的成功都有着很大的推动作用。

其实，倾听是一种能力，也是一种交流手段，一个善于倾听的人往往拥有更多的朋友。因此，父母在日常生活中应重视培养女孩的倾听能力。

事实上，倾听他人也是有技巧的。比如，交谈时保持冷静的心态，不要受到其他事物的影响；要面带微笑，不要显示出不耐烦的样子；要让对方感觉轻松自如，而不是拘束；倾听时不要挑对方的毛病，不要当场提出自己的批判性意见，更不要与对方争论，尽量避免使用否定别人的回答或评论式的回答，如“不可能”“我不同意”“我可不这样想”“我认为不该这样”等；交谈过程中要少讲多听，不随意打断他人的讲话。

倾听的过程当中还要运用眼神、表情等非语言传播手段来表示自己在认真倾听。尽可能以柔和的目光注视着对方，并通过点头、微笑等方式及时对对方的谈话做出反应；也可以不时地说“是的”“明白了”“继续说吧”“对”等语言来表示自己在认真倾听。如果对对方谈到的内容比较感兴趣，可以先点点头，然后简单地表明自己的态度，最后再说“请接着说下去”“这件事你觉得怎么样”“还有其他事情吗？”等，这样会使对方谈性更浓。

如果对对方的谈话不感兴趣，可以委婉地转换话题，比如，“我想我们是不是可以谈一下关于……的问题”等。

因此，父母应该将这些技巧都传授给自己的女儿，培养她倾听的能力，让女孩善于倾听他人说话，不仅能够及时地把握对方的信息，弥补自己的不足，不断完善自己，而且能够让对方产生被尊重的感觉，加深彼此的感情，有利于人际交往。

那么，生活中的父母应当如何培养女孩倾听的能力呢？

方法一：培养女孩倾听的习惯，还要倾听女孩的心声

上帝赐予我们两个耳朵和一张嘴，就是说明了听比说更重要，善于倾听别人说话是最有效的沟通方式之一。当父母倾听女孩说话的时候，不仅仅是表示出对孩子的重视，更重要的是通过倾听，了解女孩真实的想法和内心世界。倾听让父母打开女儿的心扉，拉近父母和女儿的距离，让父母帮助孩子解决成长的烦恼，分享孩子进步的喜悦，是成就孩子必不可少的最佳方式之一。

父母对女儿的爱不单单是给予她物质的满足，更重要的是能够了解女儿内心的真实想法。据调查，很多女孩都抱怨自己的父母没有认真听过自己说话。这些都是女孩对于父母倾听自己的最真实期盼。

“我多想让妈妈和我多聊会儿，她总爱批评我，我和她根本就聊不到一起。”

“爸爸总是说小孩子，你懂什么，学习才是你的正事，写作业去。可我已经 14 岁了。”

“不懂就别插嘴，管好自己的事，别把功课落下。”

“妈妈，我想和你聊聊。”“妈妈单位有事需要加班，有时间再说吧，你别忘了写作业。”

其实，父母对女儿的爱，绝不是单纯的生活关心和学习关怀，更多的是伴随着女儿一起成长，分享她成功的快乐；当女儿遇到挫折或困难的时候给予她鼓励或指点；当女儿遇到烦恼的时候，帮助她从困惑中醒悟，摆脱情绪的“垃圾”，这些都能帮助女孩健康成长，更专注于学习和健康的身心发展。

很多时候，我们常常会听到女孩说：“别把我当小孩子看，我已经长大了。”这都是反映出她们期望得到父母的认同，而父母对女孩的倾听就是极大地满足女孩的自我认同和独立性的最好方式。如果父母还一味地认为自己的女儿没有想法，或者女儿不过是空想，甚至对女儿不善言辞的表达缺乏耐心而误解和冤枉孩子，都会给女儿的自我认同和独立性“泼冷水”，这也会让女孩变得自闭。

所以，从现在开始，父母要竖起自己的耳朵，多倾听女儿的心声，每天倾听一点点，父母和女儿的距离就会拉近一点点，反之就会疏远一点点。

方法二：教女孩在倾听对方说话时多提问

倾听他人最好的方式，就是多给对方说话的机会，而怎么才能多给对方说话的机会呢？不外乎在对方说话的时候适时地提问。

有一个高一的女孩是这样做的：

一天，我们班转来了一个新同学。下课后，我主动找新同学聊天，便问："你是从什么地方转学过来的？"新同学告诉了我之后，可能是因为刚到新的环境有些紧张便不再说话。这时，我为了让她多说一些，不那么紧张，就又问："你们那里是怎么样的？有没有好玩的地方？""你到我们班后有什么想法吗？""你能不能谈谈你来这里后的所见所闻？"这样，几个问题下来，那位新同学也不那么拘谨了，说话也放松了许多。而也正是这几个简短的问题，让我和她成了好朋友，我还从对方的身上学到了好多东西。我想这一切都要归功于我们刚认识时的提问。

不过，虽然提问能够留给对方多一些说话的机会，更有助于培养女孩倾听的习惯，但父母也应及时告诉自己的女孩，在提问的时候，一定要注意尽量回避涉及对方隐私或者过于敏感的话题。

第 41 招

该说不就说不

——女孩不懂得拒绝，怎么办

女孩的困惑

我妈说我天生就是个软柿子，别人想怎么捏就怎么捏，根本不懂得拒绝别人。那也没办法啊，我天生就是一个不太会拒绝别人要求的女孩。我也讨厌这样的自己，可是每当别人要我帮忙的时候，即使我心里很不愿意，但我也说不出那个“不”字。

一个不会拒绝他人的女孩很容易被别人左右，一个没有主见的女孩有时甚至会给自己带来危险。所以，学会拒绝对女孩来说也是一种快乐，可以让她不勉强自己去做根本不想做的事情，以获得心灵的自由。

静芙上初中之后开始住校，每个月父母都会给她一定的生活费。有一天，静芙的一个朋友对她说：“你能借我点儿钱吗？我的生活费花光了。”当时已经到了月末，静芙手中的钱也不多了，如果把钱再借给朋友一些，自己这个月的生活费就不够了。她本不想把钱借给朋友，但又怕朋友说自己小气，最后还是把钱借给了朋友。因为自己手中没有钱了，她只好打电话让妈妈给自己送钱来。后来，静芙上了高中，还交往了一个男朋友。结果有一天她的男友向她提出发生性关系时，她虽然知道这样做很不对，心里也很害怕，但她怕男友不高兴，就答应了他的要求，结果刚刚 16 岁的她就怀孕了。

其实，像静芙这样不知道如何拒绝别人的青春期女孩在现实中有很多，因为渴望友谊和爱情，天性善良的女孩们，时常认为拒绝别人会伤害到对方，所以大多时候她们宁愿委屈自己去接受别人提出来的要求，哪怕有些要求是不合理，甚至过分的。可想而知，最后受到伤害和委屈的一定是不懂拒绝的女孩自己。

就拿上述事例中的静芙来说，正是因为她不敢于说“不”，不会拒绝别人，才会让自己的正当权益受到损害，而且有时对自己的伤害还非常大。所以，对于青春期女孩来说，我们要早些教育她们学会说“不”。这样，她们在别人提出不利于自己的要求时才懂得拒绝，从而也能够更好地维护自己的正当权益。

方法一：培养女儿的自信心以及自我价值感

伊丽莎白·哈特利—布鲁尔是英国著名的教育家，她在其著作《自尊女孩手册》中曾经说过：“自尊可以给女孩以力量，让她对朋友，对某个怪异或令人害怕的成年人说不。”的确是这样，当一个女孩有了充足的自信后，她才能坚持自己的原则，向那些损害自己正当权益的行为说“不”。

另外，她同时指出，那些“一直被认为是‘好孩子’的女孩子以及只有得到他人的认可才感觉被人接受的女孩子”更难向别人开口说“不”，因为她们害怕遭到别人的取笑、斥责和冷落。

因此，要想引导青春期的女孩懂得拒绝别人，我们就要先培养她们的自信心，同时也培养女孩的自我价值感，不要让她们在别人身上寻找认同感，而是让她们自己来认同自己。

方法二：让女儿学会委婉地拒绝他人

有一天，上高一的语蓉回家后非常不开心，妈妈便问她发生了什么事。语蓉皱着眉说："姗姗想和我换座位，她眼睛非常近视，座位又在后排，看不见黑板。"妈妈说："姗姗是你的好朋友，你眼睛又不近视，你就和她换换吧。"语蓉说："我眼睛倒是挺好的，但是姗姗的座位在大后排，我个子矮，如果我换到她的座位上，前面的同学就会挡住我的视线，我就看不清黑板了。"妈妈说："那你就把这个原因告诉姗姗，不同意和她换座位。"语蓉有些为难地说："我和姗姗是最好的朋友，我这样说她会不会不高兴？"妈妈对她说："不会的，因为这是你的正当权益，再说你说的也是事实，姗姗会明白的。另外你还可以和姗姗一起去找老师，让老师帮忙想想办法。"语蓉点了点头，第二天把自己的想法告诉了姗姗，并和姗姗一起去找了老师，让老师帮忙调了座位。

青春期的女孩大多不懂得拒绝别人，尤其对方是自己关系比较好的朋友时，她们即使不愿意，也会勉强答应。再加上青春期的她们很注重人际关系，不想因为自己的"扫兴"而让自己的人际网出现不和谐。面对这样的青春期女孩，我们除了要教会她在日常生活中体谅别人，还要教会她维护自己的正当权益，委婉而又礼貌地拒绝别人。

第五章

请避开人生的那些陷阱

引导女孩远离青春期的“大麻烦”

外面的世界是多姿多彩的，而青春期的女孩又是躁动不安的，所以她们很容易被各种事物诱惑。在教育青春期女孩的过程中，父母们可能经常会遇到下面这样的问题：一向乖乖听话的女儿，竟然背着大人偷偷吸烟、喝酒；女儿网瘾太大，每天的心思都在网络上；女儿动不动就离家出走、自残；女儿痴迷追星，等等，令父母苦恼。

责骂、忽视都不是解决以上这类问题的最佳方法，父母们要教育女孩尊重和珍爱自己，大胆拒绝来自社会的诱惑，学会保护自己。同时培养女孩良好的心理素质和道德修养，正确引导女孩安全、健康地度过青春期。

第 42 招

“谁也没我酷！”

——女儿偷偷抽烟、喝酒，怎么办

女孩的困惑

期末考试结束之后，我和几个要好的女同学出去聚会。吃饭的时候，有个女生拿出来一盒烟给大家，大家都觉得挺好奇的，一时忍不住都抽了起来。结果刚巧被来找我的妈妈看见，回家我就被她痛骂一顿。不就吸根烟吗，妈妈至于这么大惊小怪吗？

曾经有一份调查资料显示，初、高中生的吸烟、喝酒率每年都在大幅度上升，吸烟饮酒对青春期孩子的生理、心理健康危害很大，因酒后滋事的青年犯罪率也随之不断上升。因此，青少年吸烟、喝酒必须引起我们的高度重视。

现如今青春期女孩虽然吸烟、喝酒没有青春期男孩严重，但是女孩吸烟、喝酒的人数在逐年增加。有很多女孩是看到电视、电影里的女演员们吸烟，觉得很酷、很有味道，于是就跟着模仿，而其他女孩又跟着这些女孩模仿，渐渐地吸烟、喝酒也在中学女生之间流行开来。

许多研究青少年行为的专家认为，女孩子吸烟、喝酒的行为并不是天生的，其主要成因还在于生活环境。她们产生吸烟饮酒的心理原因一般表现为：

1. 好奇心作祟：青春期女孩好奇心强，看别人怡然自得地喝酒、吸烟，自己便想亲自体验一回。

2. 模仿心理驱使：青春期的女孩大多以成人自居，喜爱模仿。

3. 人际交往的需要：很多女孩的朋友圈要想进入，就必须要学会吸烟、喝酒。

4. 叛逆心理作祟：很多青春期女孩对正面宣传产生逆反心理，越是不要让吸烟喝酒，她越是跃跃欲试。

5. 受到朋友影响：女孩子也很重姐妹义气、讲面子，朋友都抽烟，自己也不能“扫兴”，所以在你来我往中就吸上了。

6. 心理压力过大：中学时期女孩在学习和生活上有很大的压力，为了寻求解脱，她们希望借烟酒消愁。

7. 存有侥幸心理：虽然有些女孩知道吸烟、喝酒不好，但存在“不吸烟不一定长寿，吸烟不一定早死”的侥幸心理，照样吸烟喝酒。

8. 作为无聊时的“工具”：很多女孩无聊、烦闷的时候，就希望“抽支烟解解闷”“提提神”，结果久而久之就养成了一种坏习惯。

所以，当我们了解了以上造成青春期女孩吸烟、喝酒的原因后，接下来我们就应该想办法“对症下药”，引导女孩戒烟戒酒：

方法一：用决心和恒心为女孩创造“无烟环境”

美丽是一名初二的女学生，有一次妈妈在为她整理书包时，发现了藏在夹缝里的香烟。其实像这样的情况妈妈已经发现很多次了，但女儿就是屡教不改，这让她深深意识到问题的严重性。不过这一次，美丽的妈妈并没有像上次那样狠狠地教训女儿，而是忍住心中的愤怒，仔细盘问美丽究竟是怎样学会抽烟的。

“我们班会抽烟的女生经常聚在一起买烟，而且她们经常在我面前扬扬得意地炫耀，还总是对我说抽烟的感觉有多棒，还说不抽烟的女生没胆。她们总是拉帮结派，看谁不抽烟就故意刁难谁。所以为了和大家打成一片，也为了不让那些女生笑话，我才学会抽烟的。”听了女儿发自肺腑的回答，美丽的妈妈感到异常震惊和担心，现在的初中生竟然一个个成了烟不离身的“小烟鬼”，还自诩是一种“大女人”的表现，这样下去对她们的学习、生活和身体健康都会产生不良影响的。

和美丽妈妈一样，很多父母也有这样的担心。像美丽这样的青少年绝不止一个，现在的女孩好像认为抽烟就是一种成熟、时尚的标志，而且她们还有很多理由：“我爸也抽烟”“现在好多女生都抽烟，根本没什么。”……

女孩们为什么能这么理直气壮地为自己的行为辩护？其根源就在于我们没有给她们创造一个真正的“无烟环境”。所以父母们与其整天对女儿说“吸烟有害”，不如从现在开始用你的决心和恒心为女儿创造一个“无烟环境”。女孩在这样的环境中，再也找不到抽烟的借口，并会在家长的潜移默化下，逐步戒掉吸烟的坏习惯。

方法二：以身作则，“戒酒”从父亲开始

如萱的爸爸喝酒很厉害，而且喝完酒还常常耍酒疯。如萱的妈妈说过他很多次，但是如萱的爸爸觉得喝酒是很正常的一件事情，所以根本没放在心上。

不过随着女儿如萱的渐渐长大，如萱的爸爸发现自己喝酒的习惯对女儿产生了很坏的影响。才上初二的女儿竟然偷偷和同学喝酒，有时甚至是白酒。为了帮助女儿改掉喝酒的习惯，如萱的爸爸决定戒酒，并且和女儿约定，在她18岁之前，自己滴酒不沾，而女儿也要遵守这个约定。虽然戒酒的过程很辛苦，但是如萱的爸爸觉得能让女儿改掉不良习惯，他做什么都值得。

俗话说："少量饮酒，健康之友；过量饮酒，罪魁祸首。"对于青春期的女孩来说，喝酒对她们并没有益处。因为处在生长发育时期的女孩们，心理尚未成熟，身体各器官对酒中的有害物质极为敏感，所以喝酒带给她们心理、生理的不良后果要比成人严重得多。

但由于大多数女孩对酒存在一些错误的认识，而且容易受朋友、同学的影响与鼓励，或者是因为学习、生活上的压力，进而她们希望借喝酒来获得某种安慰。这时，我们就应该以身作则，用自己良好的生活习惯去影响女孩。

第 43 招

“我离不开网络”
——如何帮青春期女孩远离网络依赖

女孩的困惑

网络对我来说就是一个神奇的世界，我想要的各种信息都有，而且还常常给我带来惊喜，让我平淡压抑的生活有了一点儿乐趣。但是爸妈严禁我上网，老师也经常说上网不好。我觉得上网比上学好，为什么大人就是看不到这些呢？

上初三的灵薇最近因为沉迷于网络游戏和网络聊天，成绩大幅下滑。灵薇明知道玩游戏和长时间聊天对自己不好，消磨时间导致自己不务正业，但每天一开电脑，不自觉地又开始和别人聊天、玩游戏了，有时候还玩通宵。父母真怕她染上网瘾，又不知道如何让女儿从网络中解脱出来。

可能很多女孩父母都和灵薇父母一样，在面对女儿长期沉迷于网络的情况时，不知道如何应对。但我们又不能不管，毕竟女孩子如果长期沉迷于网络世界，她就会变得越来越不适应现实生活，甚至会惧怕现实生活中的人，甚至因为网络而与现实中的人失去联系。

因此，女孩父母们应该学会如何正确引导孩子上网，让女儿的网络世界变得广阔而纯净，并能给她们带去更加丰富的知识和能力，还有更多的收获和快乐。

不过，在面对青春期女孩沉迷于网络的问题时，父母一定要注意分清“网瘾”与一般性质的迷恋的差别。通常网瘾是指上网者由于长时间和习惯性地沉浸在网络时空当中，对互联网产生强烈的依赖，以至于达到了痴迷的程度而难以自我解脱的行为状态和心理状态，而大多数女孩都只是不同程度的迷恋，与“网瘾”差距比较大。

所以，父母在引导青春期女儿科学上网的问题上，一定要采取更为合适的教育方法：

方法一：切忌不能对女孩使用强制手段

一位母亲最近很苦恼地对友人说了这样的事情：

我一到节假日就坐立难安，因为我最担心的事情总是会发生，就是上初中的女儿把大量的时间浪费在网络上。为了防止女儿染上“网瘾”，我从女儿坐在电脑前就开始忧虑紧张，还会一直在房间里走来走去，对女儿不是唠唠叨叨，就是严加指责。最后干脆给电脑设置了密码，有一段时间还掐断了网线。虽然我也知道自己的做法有些过分，但我真怕女儿因为上网而耽误生活和学习。对于我的这些行为，女儿十分生气，她甚至开始偷偷地跑到外面的网吧去上网，而且为了筹够上网的钱她还学会了撒谎。

一般来说，青春期女孩对网络的热爱并没有男孩大，但爱上网的女孩同样令父母十分担忧，因为面对错综复杂的网络世界，女孩们的自我保护意识较差，很有可能受到伤害。于是很多父母出于保护女儿的目的就采取了错误的教育方法：无端指责和强烈限制。

其实，随着网络时代的到来，女孩每天上一两个小时的网，并不能算“网瘾”，父母大可不必草木皆兵。明智的父母不会选择用指责和抱怨来阻止女孩上网，而是选择正确引导女孩健康地使用网络，并且告诉女孩如何利用信息丰富的网络世界来充实自己现实世界中的学习和生活。

方法二：与女儿制定“上网协议”

点点的妈妈同意点点在家上网，并负责做点点爸爸的工作，但妈妈要有监督权，知道女儿浏览的网页，并和她随时进行业余爱好方面的交流。因为之前点点进入初中后迷上了上网，和自己的爸爸发生冲突。点点觉得自己是以学习为主，娱乐为辅，但爸爸不认可，结果女儿很委屈，拒绝和爸爸再交流。点点的妈妈和点点交流后得知，她加入了学校的生物小组，小组学习得到了中科院计算机网络信息中心的支持，点点上网的确是为了学习。

因此，父母应该和女儿一起订立一些双方共同接受的上网条约，对女孩的网上活动进行约束。如约定做完作业再上网，规定每天上网时间、上网目的、上网内容等，树立守信用、重承诺的意识。父母、孩子都要接受约束，不能只约束孩子，父母也要约束自己，言而有信。

方法三：网络依赖应避免

心理学研究表明，缺乏亲情关怀的青春期女孩更容易感到孤独、寂寞，交异性朋友的欲望也更为强烈。许多青春期女孩在家里感受不到家庭的温暖和父母的关爱，才喜欢到网上寻求感情慰藉。

因此，作为父母，我们应该尽量从繁忙的工作中抽出时间和女儿进行交流与沟通，给她及时的关怀和帮助，使青春期女孩觉得生活充实而有意义，避免将情感和精力无端地耗费在网络上。

第44招

“真不想去”

——如何引导经常逃学、厌学的女孩

女孩的困惑

上了高中之后，我的学习成绩越来越差，虽然我每天都在很努力地学习，但是最后的结果总让我失望，也让父母和老师很失望。慢慢地我变得讨厌学习，讨厌学校。可每次逃课我都有很深的罪恶感，我该怎么办呢？

青春期女孩在主观上对学校失去兴趣，产生厌倦情绪和冷漠态度，并在客观上明显表现出来的行为就是厌学。一般来说，厌学具体表现是女孩们学习虽然用功，但效果不佳，并且时常感到学习非常枯燥，对学习毫无兴趣；学习主动性差，一学习就觉得疲劳；有时要完成某一项学习任务，需要父母用物质激励；时常幻想成功，有不明白的问题也不去弄清楚；花在电视、电脑和娱乐上的时间比学习时间多；没有明确的学习目的，不会提前做计划等。

下面这位父亲就遇到了女儿“厌学”的糟糕情况：

开学没几天，读初三的女儿在一次放学回家后显得很沮丧、郁闷，也没有像往常一样做家庭作业，而是把自己一个人关在房间，半天没动静。我推门一看，女儿趴在床上似睡非睡。于是，我随口说了一句：“还不快做作业！”没想到女儿竟然对我咆哮起来：“就知道让我做作业，我再也不上学了！”

我一下子惊呆了。平时听话的女儿此时像变了个人似的，脸涨得通红，一副怒气冲冲的模样。我问女儿为什么不想上学，女儿死活不肯讲，只是不停地嘟囔。

为弄清楚女儿情绪波动的原因，第二天上午，我第一次主动给女儿的班主任打电话。通过和老师的交流得知，女儿最近的课堂表现很糟糕，对于语文、数学还有英语等科目，女儿学习很吃力，无法及时消化老师所讲的内容。“初二期末考试你女儿考得很不理想，个别科目在班上还是倒数第几，家长得加强督促啊。”末了，班主任给我敲了敲“警钟”。

我真是很后悔，女儿进入初中后，我们生怕女儿学习上有压力，所以平时在家我们很少主动提及学习、成绩等敏感字眼，压根儿不清楚女儿的期末考试情况。好在女儿从小学开始就老实，回家后自觉做作业，我也就不怎么操心。我以为这就是在为孩子营造轻松的家庭氛围，看来我的方法错了。但你把孩子管紧了吧，怕她有压力，管松了又产生这样的局面，真不知这个松紧度该怎么把握。

的确，管教青春期女孩学习是一件很复杂又很费神的事情。其实，一般来说，女孩子厌学的常见原因有以下几点，父母要根据这些原因“对症下药”：父母不切实际的要求，或过度采用强硬专制的手段逼迫女儿学习；要求过低或放纵，让女儿渐渐失去学习的兴趣和动力；严重的家庭问题，像经常发生纠纷的家庭、单亲家庭；女孩缺乏自信心、进取心、创新能力等，导致学习成绩不高产生厌学情绪；学校中的问题，比如学业负担过重、学校生活过于紧张、学校的纪律过严而刻板等；恶劣的学习环境等。因此，父母首先要查找女儿厌学的真正原因，然后可根据以下提供的教育方法来改善青春期女儿的逃学、厌学情绪：

方法一：激发女孩的学习动机

德国教育家第惠斯多说过："教学的艺术不在于传授的本领，而在于激励、唤醒、鼓舞。"没错，孩子学习需要父母的激励和鼓舞，并且要帮助她们将个人目标同学习目标结合起来，唤醒其学习的内部动因，强化孩子的学习动力，增强她的自制力和学习自觉性，进而提高女儿的学习能力和学习效率。

一旦女孩认为学习是有必要的，并对学习感兴趣，那么她便会积极主动且心情愉快地去对待学习，而不是只把学习和上学当成一种沉重的负担。另外，父母还要让女儿在学习中感受到爱与关注以及被需要的感觉。

方法二：引导女儿在游戏中产生学习兴趣

南南今年上初中一年级，但是她最近一段时间对学习产生了厌倦感，尤其是语文，那些课文、古诗还有成语，她怎么都记不住。为了帮助女儿，爸爸妈妈想了一个好主意，就是每天晚上和女儿玩"文字"游戏。例如每天晚上爸爸妈妈都会抽出半个小时和女儿玩"成语接龙"游戏；有时妈妈会把古诗制作成一张精美的卡片，而且故意不把诗词写全，以便可以和女儿玩填字游戏。就这样，在这些"文字"游戏中，南南不但掌握了很多成语和古诗，而且扩大了自己的知识面，对语文的兴趣也大大提高。

有时候，女孩子也许会厌学，但她们永远都不会厌烦游戏。如果作为父母的你能够抓住女孩的这一心理特征，巧妙利用和引导，把游戏"导入"到她的学习中，那么她将会像喜欢游戏那样喜欢上学习。

第 45 招

“这个家我待不下去了！”

——如何避免女孩离家出走

女孩的困惑

我讨厌爸爸妈妈经常吵架，我讨厌他们总是忽视我，我也讨厌我自己不上进，所以为了躲避这一切，我决定离家出走。但是我不知道离开家我还能去哪里，我甚至连离家出走的钱都没有，为什么我的人生会变成这样？

一天，青少年心理咨询中心接到了一位母亲打来的电话：

我女儿上了初中后迷恋上网，还交了很多网友，学习成绩直线下降。我知道后，打过女儿几次，结果女儿干脆不去学校了。除了泡网吧，她还在网吧结识了一群“朋友”。我为了杜绝女儿再和她的“朋友”们继续来往，就给女儿转了学，然而才到新学校3天，女儿就悄悄离开新学校回到了原来的学校。最近女儿离家出走的频率越来越高，时间也越来越长，所以我为了防止女儿再次离家出走，自己就辞了工作，专门负责守在女儿身边。可是女儿还是从家里逃跑了，家人花了一个月的时间才在网吧找到她，而女儿早已经变得面黄肌瘦、蓬头垢面了。我真的很心疼女儿，却找不到一个好办法阻止她离家出走。

上述案例中的女孩很明显是典型的青春期叛逆心理，并且由于父母和女儿错误的沟通方式更导致双方矛盾的加剧。

事实上，青春期女孩不会无缘无故地就离家出走。一般来说，她们离家出走的原因有以下几点：

1. 青春期女孩自我意识膨胀，希望寻求独立空间和自由；

2. 学习差，考试压力大，被冤枉和误解，逆反心理严重；

3. 父母“望女成凤”，对女儿的要求太高；

4. 父母只注重女孩生理方面的需求，忽略女孩青春期心理发育的特征与关爱，一旦女孩出现一些问题，父母不是不问青红皂白地大打出手，就是无止境地斥责和批评。

众所周知，青春期是女孩人生中的特殊时期，是她整合自己内心、协调主客体关系的时期，这个时期的女孩在行为和情绪上很容易出现一些问题。因此，父母要了解女孩的心理，积极调整和女儿的关系，陪伴女儿度过这个特殊的阶段。要知道，女儿离家出走是可以避免的，关键是父母怎样处理好和女儿的关系，把家营造为女儿喜欢的轻松、安全的港湾。

方法一：巧妙处理女孩“离家出走”的四个关键环节

一般来说，青春期女孩“离家出走”有四个关键环节需要父母们特别注意：

一、父母要学会动用必要的社会资源，以低调的方式了解女儿的去向和生活状况，保证女儿的安全。

二、化解女孩怨气的唯一正确的方法是，父母要保持冷静和理智，在女儿面前不要有极度焦虑的表现，真诚地向女儿表达自己的愧疚、理解、宽容和关爱。

三、从青春期女孩的角度，去客观体会她们的感受，理解女孩的行为的动机或要达到的目的。例如她们表达愤怒、怨恨可能是想要获得关注。

四、当女孩“离家出走”事件平息后，应及时地让女儿和父母一同接受心理辅导。

女孩父母们如果能够谨慎注意以上四个环节，并且在每一个环节中都能做出正确的处理方式，那么相信不但有助于预防女孩的再次“离家出走”，也会逐渐弥补因为离家出走而心灵受伤的孩子。

方法二：正确对青春期女儿应用“我信息”

有这样一个关于青春期女孩的故事：

在一个小镇上，有一位叫莉亚的母亲。一天，她和女儿爱丽丝之间发生了一些不愉快，一时情急的莉亚打了女儿一个耳光。没想到第二天清早，莉亚发现女儿爱丽丝的房间突然一下子空空如也，原来委屈至极的爱丽丝离家出走了。此刻，莉亚十分懊悔，她终于意识到：世界上没有什么比女儿更重要了！她急迫地想找回女儿。于是，莉亚来到镇中心一家有名的商店，用醒目的大字在商店门口写了这样一个告示：“亲爱的爱丽丝，回来吧！妈妈爱你！明天早上我将在这里等你！”等到第二天早上，莉亚来到昨天那个商店，她发现至少有七个叫爱丽丝的女孩等在那里。原来这些女孩等在那里，都希望自己的母亲发出回家的召唤。

由此可见，大多数女孩离家出走都是一时冲动，而且离家出走后，她们也都希望父母能用一个宽容的态度原谅自己。对于这些离家出走、犹如迷途小鹿的青春期少女，我们应该原谅她们一时的错误。

所以，当女儿不回家不打招呼时，不要对她们打骂和斥责，而是应该使用表达宽容和原谅的“我信息”，例如“我很抱歉刚才那样对你”“我很担心你”“我希望你能和我谈谈”……像这样的沟通表达方式，会让女孩觉得自己被重视、被尊重、被理解，让她心理获得平衡，同时也对父母产生心理上的愧疚感，离家出走的想法自然而然就消失了。

第 46 招

“我想买两盒减肥茶”

——如何引导青春期女孩科学减肥

女孩的困惑

我讨厌自己是个胖子，看见别的女孩穿什么衣服都像衣服架子一样，我就好羡慕。所以，我决定减肥，但是光运动、不吃饭我真的受不了，尤其是晚上，我根本忍受不了美食的诱惑。减肥药我也吃了很多，为什么一点儿作用都没有呢？

13 岁的乐乐活泼好动，饭量一向很好。可是有一段时间，乐乐突然不爱吃饭了，每次只吃小半碗饭。对于牛奶、鸡蛋、鱼、肉等食物，更是连碰都不碰。妈妈以为女儿病了，一问才知道，原来这些天女儿正在减肥。妈妈说：“你不吃饭哪儿行呢，再说你身体又不胖，减肥干什么？”乐乐说：“女孩瘦了才好看，我有个朋友比我瘦还在减肥呢，我哪能不减呢！”妈妈拗不过她，只能由着她。

两个月后，乐乐真的苗条了许多，但是却皮肤泛黄、日渐憔悴，还常常出现头晕、心慌等现象。

对于青春期女孩来讲，她们最忌讳的一个词就是“胖”。为了塑造完美、曼妙的身材，很多女孩日复一日、年复一年地忍饥挨饿，宁可亏待自己的身体也要坚持下去。而那些身材稍胖的女孩，常常会感到自卑，在那些高挑的女孩面前抬不起头来。

的确，身体过胖会影响身材，也会影响身体健康。但是对于青春期女孩来说，如果盲目地追求苗条，杜绝一切与脂肪有关的食物，很容易造成营养不良，严重的还会引发其他疾病。据某家报纸报道，有个女孩为了减肥长时间节食，结果在课堂上晕倒。后来经过医生诊断，发现她已经患上了严重的胃病，可能终生都要忍受胃痛的折磨。从这则报道可以看出，女孩减肥常常带有盲目性，父母一定要给她们正确的引导。

其实，女孩只知道“胖了不好看”，但是却不知道怎样才算胖，因此，父母非常有必要告诉她们一个标准的体重公式：

女性标准体重（kg）＝［身高（cm）－100］×90%

超重：标准体重×（1±10%）≤实际体重＜标准体重×（1±20%）

偏瘦：实际体重≤标准体重×（1－10%）

其实，减肥对女孩的身体损害非常大，但是很多女孩都想减肥，甚至本来很瘦仍然要减肥。在这种情况下，父母如果想阻止女儿减肥，不要责骂女儿，也不要强迫女儿吃饭，可以采用下面的方法：

方法一：引导青春期女儿正确的审美观

14岁的南爱看完减肥广告后问妈妈：“妈妈，女孩是不是越瘦越好看呢？”当时女儿和妈妈正在看电视剧《红楼梦》，妈妈便反问女儿：“你看《红楼梦》中的林黛玉很瘦、很苗条，但总是病恹恹的，你认为这样好吗？”女儿想了想说：“这样不好，太瘦了爱生病。”妈妈点了点头说：“对，太瘦太胖都不好，不瘦不胖才正好。”

在女儿青春期的时候，父母就应该灌输给她们一个这样的思想：女孩并不是越瘦越美，健康的女孩才是最美丽的。女儿有了这样的思想，长大了才不会盲目地减肥。

方法二：和正在减肥的女儿谈谈心

一天下午放学回来，小惠向爸爸妈妈宣布："我以后要减肥了，你们晚上不用做我的饭了。"妈妈当时就急了："你又不胖减什么肥，你把身体饿坏了怎么办？"小惠不服气地说："我减肥不用你管。"背起书包就回屋了。妈妈还想去和女儿争辩，但却被爸爸阻止了。

过了两天后，爸爸带小惠去爬山，结果她没走多远就累得气喘吁吁了。爸爸拍拍她的肩膀说："前两天妈妈不让你节食是怕你把身体饿坏，你刚才也看见了，身体太瘦弱根本不好，连爬山都费力。爸爸妈妈不是不允许你减肥，你可以跑跑步、打打球，还可以少吃点儿零食，但晚餐是一定要吃的，因为你需要大量的营养来长身体，我想你不希望自己长成童话中的小矮人吧？"女儿当时没说什么，但是到了晚上就开始吃晚餐了。

对于青春期节食减肥的女孩，很多父母的第一反应就是训斥，还有的父母会逼着女儿吃饭。这样的做法并不好，因为处在青春期的女孩叛逆性很强，父母的训斥、强迫反而会激起她们的对抗情绪。所以，父母最好的方法是和她们谈谈心、聊聊天，让她们感受到父母的爱，从而自愿地接受父母的建议。

第 47 招

“我要去韩国找他！”

——女儿追星痴迷，怎么办

女孩的困惑

我最喜欢电视里那些长得帅的韩国明星，我觉得他们歌唱得好、舞跳得棒，参加综艺节目时也特别幽默、可爱。但是爸妈说我不务正业，还说我整天就知道瞎想，为什么他们就看不到我喜欢的偶像身上的优点呢？

一位母亲忧虑地在网络日志中这样写道：

最近我发现 14 岁的女儿出现了一些不可思议的状况：喜欢穿大肥裤子，耳朵上扎了四五个耳洞；迷恋国外的明星，尤其是韩国的偶像组合，而且每次电视上出现这些明星的画面或新闻时，这孩子就跟疯了似的在家里激动地尖叫起来；平时张嘴闭嘴也都是明星，好像她的生活除了明星就再也没有别的话题。我有时都觉得这孩子是不是“疯了”，是不是应该带她看一看心理医生。这种情形下，她的学习状况自然很糟糕。

有一段时间我对女儿采取了一些强制措施，例如把她看的明星杂志、明星贴画都给毁了，还让她把自己蓬乱的长发剪了。可没想到我这些举动引起了女儿更大的反弹，现在她反抗的方式都明星味十足了，学习更是一塌糊涂。

很多教育专家认为，孩子开始追星，表明她已经有了社会化倾向，这是成长的表现。因此，面对爱追星的孩子，我们不应该严厉禁止，而是应以尊重为前提，然后引导孩子找到正确的追星方式。

一般来说，青春期少女的心理状况往往比较复杂，出现对明星的迷恋行为是一种正常的表现，她们需要某种形式的自我确认，而追星恰恰就满足了这种心理需求。当然，女孩追星过程中也很容易出现一些不良状况，如盲目崇拜和模仿等，所以父母最好的方法就是加入女孩的追星行列，与她一起去追星！

如何陪伴着女儿一起追星呢？

方法一：引导女儿理智追星

乐嘉今年刚上高一，远在外地出差的爸爸为了和她联系方便，就给她买了一部手机。但是一段时间后，出差回来的爸爸从妈妈那里了解到，女儿的学习成绩下滑了很多，而且每个月的话费突然增加了起来。一开始，爸爸妈妈怀疑女儿是不是早恋了，但他们没有直接去询问女儿。通过侧面的了解得知，原来女儿最近迷恋上一个韩国的男子组合，而能上网的“手机”就成了她每日的明星信息来源平台，无论是上课还是下课，她都要在手机网络上“游荡”很久。

爸爸并没有大声斥责女儿的行为，也没有马上收回女儿的手机，而是自己先去网络上全面了解了那个组合，然后专门为女儿制作了精美的明星相册，作为她的礼物。但送上自己这份“特殊”礼物的同时，爸爸也提出了自己的要求，就是希望乐嘉以后学习的时候不要用手机上网，专心用在功课上。

乐嘉见爸爸不但没有反对自己追星，而且还支持自己，高兴的同时也很歉疚。从此之后，她真的没有再利用手机查询明星的信息，而是专心学习，渐渐地她的学习成绩也提高了上去。

这位爸爸真了不起，他尊重女儿、理解女儿，并且用自己的实际行动引导女儿，让女儿明白追星没有错，但是不能因此影响自己的生活和学习。

方法二：不要全盘否定女孩的“偶像”

有一位 14 岁的少女这样说起对母亲的不满：

我一直很喜欢一位英国的男歌星，他的歌声真的像天籁那么美，能让我忘记所有的忧愁和烦恼。每天休息的时候，我都喜欢听着他的歌来打发我的闲暇时光。

但是我妈妈却对此很不理解，甚至还嘲笑我：“那男的长得这么难看，你喜欢个唱歌的也真没出息！”

妈妈的话让我很难过，我只是纯粹喜欢他的歌，怎么就没出息了？而且听英文歌还能有利于我的英语学习，妈妈这样侮辱我的偶像，让我非常讨厌她！

由此可见，两代人关于追星的问题，都有着自己的观念。但这种观念上的差异，很容易在孩子与父母之间产生代沟，例如女孩认为周杰伦唱歌很好听，父母却觉得话都听不清的歌简直是噪声。

因此，父母哪怕不喜欢女儿追星或她的偶像，也不要全盘否定她心目中的偶像，否则只会在伤害女儿的同时加深了亲子关系的裂痕。

第 48 招

“真羡慕亚当和夏娃呀”

——如何对女儿开展性教育

女孩的困惑

我平时很喜欢看言情小说，有些言情小说里还有一些男主角和女主角亲热的描写，每次看的时候我都不好意思，但是又充满好奇，所以总是偷偷摸摸的像做贼似的翻着。我就不懂了，男女在一起亲热真的有书里描写得那么美妙吗？

一天，心理医生接待了一位愁眉不展的母亲，这位母亲一见心理医生就忧心忡忡地说：“我 16 岁的女儿竟然跟我要避孕药！我很了解我的女儿，我知道她恋爱了，想和她喜欢的那个男生发生关系，服用避孕药至少会让她安全。但是她这样轻易地和别人发生性关系，让我这个做母亲的非常不舒服。”

心理医生笑着说：“青春期的女孩跟父母要避孕药，正是这种要求说明她们还没有准备好进入成年期。假如你给女儿提供这种药，那同时你也让你的孩子失去了一个重要的经历：自己的决定自己承受。一个成年人不会把自己的责任推到另一个人身上，她要承担自己的责任。”于是，这位母亲回到家之后对女儿说：“亲爱的，如果现在你觉得自己已经准备好可以有性行为了，那么你同样可以去向医生咨询避孕药的事情。如果我现在给你避孕药，那么我就要为你的行为负责，而不是你自己承担责任。”

现在“性”已经不再是青春期少女被禁止的话题，十几岁的女孩都希望尽可能地学习性知识，因为她们正被性的问题所烦扰，并为此感到困惑。她们希望能够得到更现实的答案。而且在实际生活中、文学作品中、电影中以及电视中，性的禁忌和避讳正日益被打破，这就更助长了女孩们对性知识的渴求。

不过作为父母，在对待女儿性教育的问题上，我们应该教会她们对自己负责，要让她们明白很多事情，如果她们非要去做，那就自己承担后果。但也有很多女孩父母不知道如何和女儿谈论“性”。下面我们就给迷茫中的父母们提供一些方法：

方法一：要善于回答女儿提出的性问题

有一天，13 岁的靖易突然很认真地问妈妈：“妈妈，我想问你一个问题，但是你一定要老实回答我，而且不许笑。”妈妈见女儿这么一本正经，也郑重地点点头。

这时，靖易有点不好意思地问：“妈妈，你说接吻的时候怎么喘气呀？”

妈妈马上大大方方地笑着说：“我们吸气用的是鼻子，吃东西用的是嘴巴。你用手捂住嘴，看能不能喘气。”

靖易听完妈妈的建议，果真试了试，然后又问：“妈妈，我看电视剧里男女接吻的时候总是侧着头，然后找个合适的角度，他们是不是怕鼻子碍事？”

“女儿，你说得很对，观察得也很仔细。”妈妈赞许道。

真是一位善于处理难题的母亲，她不但没有对女儿的这种好奇心横加指责，反而通过循循善诱的方式抹掉了女儿心理上对性问题的神秘感，以便使女儿之后能够正确对待性问题。

所以，如果青春期的女儿向你询问一些性问题，你既不要藏着掖着，也不要批评、指责孩子，而是应该采取合适的方式回答女儿提出的性问题。

方法二："打开天窗"，和青春期女孩开诚布公地谈性

一位母亲苦恼地在网络日志中写道：

一天，我在整理15岁女儿的卧室时，不经意地发现女儿竟然在偷看色情小说。我又气又急，但为了不伤害女儿自尊，我只是把书藏了起来，没把这事捅破。因为女儿一直以来很听话，学习也很优异，也很爱面子，我相信冰雪聪明的女儿会认识到自己的错误，并自觉纠正。

此后一段时间，我发现女儿没有什么异常，对于色情小说的事提也没提，生活依旧平静，我也很满意自己对这件事的处理——点到为止，心照不宣。

可是又过了一些日子，让人意想不到的事情发生了。那天我因为有事就提早赶回了家，竟然发现女儿在卧室里看起了黄色电影……

为什么这位母亲的回避态度并没有起到教育女儿的良好效果呢？究其原因，是因为父母越是对"性"讳莫如深，女孩越是充满好奇和兴趣。其实，面对青春期女孩的"性问题"，父母不必遮遮掩掩，而是应该保持平常心来正确看待，大可以"打开天窗说亮话"，和女儿开诚布公地谈性。

另外，父母可以先多了解一些适合青春期女孩的性知识，为女儿进行科学的讲解。同时，自己还要对出现问题的女儿表示理解，引导她正确面对问题，并给孩子提供一些建议，如每天睡觉前运动一会儿，睡觉时把手放在被子外面，不赖床等。

第六章

培养最出众的女孩

青春期女孩最需要的能力引导

青春期是女孩从儿童过渡到成人的关键时期，在这个特殊时期里，父母们不但要关注女孩的生理变化，更要注重对女孩品质、能力和习惯的培养，比如：引导女孩放下骄傲的“尾巴”，让她在谦虚中获得进步；培养女孩的感恩心、责任心和孝心，让她学会爱与责任；努力提高女孩的自控、创新、应变等能力，让她不断完善自己；纠正女孩奢侈浪费的坏习惯，让她懂得以节俭为荣等。

引导青春期女孩养成良好的品质、习惯，并提高她的各方面能力，对其日后走上社会有着至关重要的作用。因此，作为父母，一定不能忽视对女孩能力的培养。

第 49 招

骄傲的女孩人人厌

——如何引导女孩放下骄傲的“尾巴”

女孩的困惑

最近我看什么都不顺眼，老师讲的题太简单了，还不如我上去讲；同学做作业的速度太慢了；老爸的思维节奏也跟不上我了，我还得停下来等他；老妈做的饭菜标准也下降了，越来越不符合我的口味；怎么感觉电视上的节目都变得没品位了，这是为什么呢？

谦虚是一种美德，是女孩进取和成功的必要前提。谦虚能使人进步，骄傲、自满只会阻碍人的进步。谦虚的女孩更容易博得大家的好感，而骄傲自大的女孩目中无人，谁也看不起，自然也不会交到真心朋友，大家都对她敬而远之。

霏霏天资聪颖，特别喜欢学习数学，自小学起，她的数学成绩就名列前茅。上了初中，她表现不俗，深受数学老师的宠爱，老师经常让她代表全班、全年级参加校内校外的数学竞赛，而霏霏也很争气，每次都能为集体赢得荣誉。

霏霏的父母为有这样的女儿感到骄傲，常当着亲友的面夸奖女儿，这使霏霏越来越自满，甚至有些目中无人。有一次，同桌向她请教一道数学题，霏霏却撇起了嘴，说："你是猪啊，这么简单都不会。"霏霏的同桌听后马上哭了，以后再也没向霏霏请教过数学问题。还有一次，数学老师在前面讲课，不小心出现了失误，将一道习题解错。霏霏在座位上高声地说："不是吧，还能出这种低级错误，怎么当老师的？"老师听后很没面子，立即沉下了脸。

就这样，霏霏骄傲的"尾巴"越翘越高，喜欢她的人也越来越少……

生活中，很多女孩被爸爸妈妈宠着，得到了太多的夸奖和称赞，慢慢地飘飘然起来，变得骄傲自大了。作为父母，要想让女儿谦虚，一定要注意夸奖女儿的方法，而且还要让女儿全面地认识自己，认识到骄傲的危害性。那么，具体应该怎样引导骄傲的女孩呢?

方法一：学会用正确的方式表扬女儿

俗话说"数子十过不如奖子一功"，虽然表扬能让女孩树立自信，但对女孩的表扬也并非多多益善。表扬女孩是一门艺术，作为父母要掌握正确的方法，如果方法不得当，不仅不会起到积极的效果，反而还会让女孩滋生骄傲自满的情绪。

表扬的目的是让女孩明白哪些行为是好的，哪些行为不好，以增强女孩好的行为习惯，所以表扬最重要的原则是针对事，而不应针对人。

在生活中，肯定女孩的点滴进步能够巩固女孩的好行为，所以表扬要从小事开始，要从细节做起。当然，表扬方式应因人而异。如果父母长时间重复一种表扬方式，那么再好的鼓励也会失去效用，所以表扬也应注意要有新意。

同时需要注意的是，如果父母经常在亲朋好友面前炫耀自己的女儿，那么女儿就会认为别人都不如自己，从而产生自负心理，导致女孩看不起别人。因此，父母应当尽量避免当众表扬女儿，以防止女儿形成虚荣、骄傲自满的心理。

方法二：让女孩明白保持谦虚才能受人欢迎

一位父亲曾经这样谈到自己的育女经验：

我女儿晶晶今年13岁，上初中一年级，刚进班的时候表现很出色，回答问题也非常积极，后来被班上同学选为班长，她很得意。但是，没过多久，班主任就告诉我，晶晶最近上课总是不听讲，贪玩，而且人变得特别骄傲，对同学的请教也总是很不屑。

回家以后，我决定与女儿谈一谈。我对女儿说："晶晶，你知道为什么你能当上班长吗？"晶晶想了想说："因为我成绩好、人缘好。"我说："是啊，那都是你以前勤奋努力换来的，但是你现在光顾着去享受这些成果了，而没有继续保持，下次你还能被选上吗？"女儿羞愧地低下头。我继续说："如果你身边的朋友取得成绩后对你态度不好，那你下次还会选他吗？"女儿摇摇头。过了一会儿，女儿对我说："爸爸，我知道了，我以后不会这样了。"

取得一点成绩并没有理由骄傲。父母要让女儿认识到，只有保持谦虚的学习态度，才能拥有更好的人缘；只有知错能改才能不断进步；只有不懈努力，才能有更好的发展。

方法三：帮助女孩全面认识自己，正确衡量自己

上小学五年级的小敏是班上的文艺委员，不仅歌唱得好，而且舞跳得棒。每次午间休息前，小敏都要站在讲台上领唱，教同学们新歌，这让她很得意，常常不把同学放在眼里，尤其是五音不全的同桌豆豆。小敏经常在妈妈面前说豆豆笨。这天，妈妈听见女儿又这样谈论豆豆，于是对女儿说："小敏，你不能这样说豆豆，会伤害她的自尊心的。再说，每个人都有自己的优点与缺点，豆豆虽然歌唱得没你好，但是学习成绩比你强，人家就从来没有说过你笨，而且总是到家里来教你做作业。”小敏听后，一言不发地回到房间里。从那以后，她再也不说豆豆笨了，而且总是会跑到豆豆家，教她唱歌、跳舞。

女孩的骄傲来源于某一方面的优势或者特长，但这些因素会让女孩过高地估计自己，认为自己比谁都强，只看到自己的长处，看不到自己的短处，并且总是拿自己的长处和他人的短处相比。这样，女孩就会容易狂妄自大，不会设身处地地替别人着想。

作为父母，应该让女孩全面认识自己，既要看到自己的优点，也要看到别人的优点，让女孩意识到每个人都不是完美无缺的，让女孩明白“天外有天,人外有人”的道理。当女孩能够正确衡量自己，就不会产生骄傲、自满的情绪了。

第50招

没有感恩，人就会麻木不仁

——如何让女儿懂得感恩

女孩的困惑

什么是感恩？为什么我要感恩？我要对谁感恩？我具体应该怎么做呢？我感恩又有什么作用呢？……每次一提到“感恩”这个词，我就有很多疑问。难道爸爸妈妈的付出都是要有报酬的？难道朋友之间的帮助都不是无偿的？既然都是无私奉献，那为什么还要我去回报呢？

现在很多人都喜欢唱流行歌曲《感恩的心》，可是现实生活中能做到感恩的人却寥寥无几，尤其对于青春叛逆期的女孩来说，感恩就更加陌生。饭来张口、衣来伸手的女孩们普遍不懂得感恩，就好像别人为她所做的一切都是应该应分的。

人没有感恩，就会变得麻木不仁、冷漠无情，还会失去进步的动力。因此，作为女孩父母，我们应该教女儿学会感恩，学会对别人所给的帮助表示感激。同时，父母还要教导女儿感谢所有与她有过交集的人，无论是带给她成功或是造成她失败的人，父母要鼓励女儿感谢这些人丰富了自己的人生。

只有学会感恩，女孩的每一秒才会过得充实、有意义；只有学会感恩，女孩才不会一味地怨天尤人；只有学会感恩，女孩才能对自己拥有的一切倍感珍惜。

那么，父母如何引导女儿学会感恩呢？

方法一：父母要让女儿学会感受他人情感

要让女孩学会感恩，首先要让女孩懂得感受他人的情感，能设身处地地为他人着想。如果你的女儿在接受每一份帮助时都懂得说“谢谢”；懂得和家人、伙伴一起分享她的食物；在做事之前，能想到他人的感受，能想一想这样大家会不会高兴？那么恭喜你，你的女儿已经拥有了一颗感恩的心，这颗关爱他人的心也会让你的女儿在日后成为受人欢迎的社会人。

方法二：引导女孩帮助别人不求回报

欢欢是班上的优秀学生，她的成绩非常好，考试总是拿第一，妈妈为此感到很欣慰。最近，欢欢班里新转来一个叫聪聪的女孩，生活非常朴素，从不乱花一分钱，每天回到家还要帮爸爸妈妈做家务活，还非常有礼貌，但唯一的缺点就是学习成绩不够理想。欢欢的妈妈知道这件事后，就引导女儿：“助人为快乐之本，你要不要去帮助她呢？”谁知，欢欢却摇摇头：“补习功课要花费我很多时间，又没有什么报酬，为什么要去帮助她？我还是把精力用在其他方面比较好。”妈妈听后非常惊讶，女儿随着年龄的增长竟愈发冷漠。欢欢的妈妈冷下脸，严肃地对女儿说：“帮助别人本身就是一件快乐的事情，如果要求回报，那同学关系就变成了交换条件。做人不能只考虑自己，也要多为他人想一想。要知道，只有全心全意帮助别人而不要求回报的人，他的心才是最善良的，欢欢你明白吗？”欢欢思考了一下，然后点点头。

要想让女孩顺利成长，父母一定要加大教育力度，从身边小事做起，引导女孩树立正确的道德观。当然，并非所有的女孩都能自发地去帮助别人，必须有人鼓励她们、教她们，甚至有时需要强迫她们，但只能是温和地强制，否则会适得其反。

方法三：角色互换，让女孩明白父母的辛苦

有一天，小玲放学回家后发现妈妈没有准备晚饭，而是躺在床上痛苦地呻吟着。小玲走过去对妈妈说：“妈妈，我饿了，要吃饭。”妈妈虚弱地对小玲说：“小玲乖，妈妈今天身体不舒服，你能给妈妈做饭吃吗？”小玲为难地摇妈妈的手：“妈妈，我不会做饭，怎么办啊？”妈妈继续说道：“上次不是教你煮面了吗？你已经 14 岁，是个大姑娘了，应该学会照顾别人。”听到妈妈这么说，小玲马上说：“妈妈，你好好休息吧，今天我来做饭，我先给你倒杯水，然后去煮面。”

通过这些平常的小事，可以让女孩体验做父母的辛苦，也让女孩明白，平时自己的一些娇惯行为是不正确的。通过角色互换，女孩日后再遇到类似情况时，就会先想一想：“我这样叫爸爸妈妈给我做这做那，他们是不是很辛苦？”

方法四：做好榜样，让女儿在潜移默化中受到感染

要让女孩成为一个懂得感恩的人，父母自己要起到榜样作用。家庭成员之间也要学会感恩，营造良好的家庭氛围。只有父母懂得孝敬父母、帮助朋友，女孩才会受到熏陶。比如，你可以这样教育女孩：“那天下雨，妈妈没有带伞，邻居张阿姨打伞送妈妈去了车站，这让妈妈很感动。以后别人帮了你，你也要学会跟别人说‘谢谢’，这样才会成为让人喜欢的人。”平平常常的几句家常话，却能让女孩明白感恩的意义。

第 51 招

在承担中变成熟

——如何培养女孩的责任心

女孩的困惑

我一直都是家里的“小公主”“小太阳”，爸爸妈妈非常疼爱我，但最近他们老是让我做家务活，以前这些事情不都是由妈妈来做吗？为什么现在让我去做，难道他们变懒了？这是我应该做的吗？

责任心是一个人能力发展的催化剂。一个敢于承担责任的女孩，长大后才能对自己负责、对别人负责。如果一个女孩没有责任心，没有价值感，那么将来她一旦走上社会，就会找不到自己的位置和重要性，因而失去创造的动力，平庸地混过一生。

女孩，作为家庭的一名成员，在享受权利的同时，也应承担一定的家庭责任，包括建立家庭中的岗位，承担一定数量的家务劳动。父母可以通过鼓励、期望、奖惩等多种方式，督促女孩履行职责，培养她们的责任心。

对于青春期女孩，父母绝不能过于娇惯与溺爱，应积极引导她树立责任心。然而，在很多家庭中，一些父母望女成材心切，竟代替女孩整理书包、检查作业，这是一种责任心的“错位”和“越位”。女孩做错了事情被罚、上课迟到、挨老师批评，其实并非都是坏事，通过让女孩承担“失责”的后果，从而懂得自己应该怎么做，进而承担起对社会的责任。

那么，父母如何帮助女孩建立责任心呢？

方法一：培养女儿的责任心，要从小处着手

一位聪明的妈妈是这样做的：

我们家是平常的三口之家，可以说要做的家务活并不太多，但是我们还是不时给女儿分配一些事情来做。在女儿很小的时候，我就让她帮忙刷碗、拖地，如果她干得不好，我会马上叫她返工。我这样做的目的是让她久而久之形成这样一个基本概念，那就是做人要有责任心，每个家庭成员都要对家庭负起责任。

在我的引导下，她成为一个有责任心的女孩。比如说，我们每次出门时，女儿会主动提醒我带钥匙；我加班晚了，女儿会省去看电视剧的时间，去厨房替我做饭……我相信，女儿将来到了社会上，到了具体的工作岗位中，也一定是一个有责任心的人。

这位妈妈的做法是正确的，她对女儿责任心的培养是从大处着眼、小处着手，让女儿在家庭的岗位上感受责任的分量。我们也该如此，从生活的细节上培养女孩的责任心，哪怕只是让她倒一次垃圾、洗一块手帕，也是一次引导机会。如果忠于职守，父母应给予表扬鼓励；如果失责，则给予批评和惩罚。只有这样，才能让她超越“以自我为中心”，了解周围的世界，从而强化自己对他人负责，对周围环境负责的责任心。

方法二：让女孩明白责任感的重要性

有一位12岁的美国女孩在与朋友玩耍时不小心将对方家里的鱼

缸打破，对方索赔20美元。闯了大祸的女孩回家向父亲认错后，父亲让她对自己的过失负责。女孩为难地说："我知道，可我没钱赔人家。"父亲说："我可以先借给你，但是你一年内必须还我。"从此，这个女孩每逢周末、假日便外出打工，经过大半年的努力，她终于挣足了20美元还给了父亲。这个女孩后来成为一个著名企业的CEO。她在回忆这件事时说："通过自己的劳动来承担过失，使我懂得了什么叫责任。"

当女孩充分了解了责任感的重要性，才会真正努力去实践。所以，作为父母，我们有责任也有义务让女孩意识到这点，让她们意识到没有责任感的人是不会取得成功的。

方法三：父母应为女儿树立良好的榜样

父母自身对家庭、对社会的责任心如何，对自己的女儿来说也是一面镜子。从一定角度来说，从父母责任心的水平上可以看出女儿的责任心。一个对家庭、对社会充满责任感的父母，所培养出来的女儿多半也是很有责任心的。

教育家陶行知说："我要儿子自立立人，我自己就得自立立人。我要儿子自助助人，我自己就得自助助人。"同样，要培养女儿的责任感，父母首先就要树立良好的榜样，有强烈的责任感，因为父母是孩子最好的老师。

第52招

孝顺是做人的根本

——如何引导女儿更孝敬父母

女孩的困惑

我是爸爸妈妈爱情的结晶，他们照顾我难道不是理所当然吗？每一个家庭的父母不都有义务与责任抚养小孩，使其健康快乐地成长吗？既然那是他们必须做的，那还要我回报什么？

中国有句古语："百善孝为先。"意思是说，孝敬父母是在各种美德中占第一位的。一个人如果不知道孝敬父母，很难想象他会热爱生活和身边的朋友。

现在有很多家庭的小孩都被宠坏了，尤其是女孩子，整天被父母捧在手心里，要风得风，要雨得雨，一个个都成为家里的"小公主""小天使"……在这样的环境下，很多女孩没有了辈分观念。长此以往，不仅对长辈缺少基本的礼貌与尊敬，更缺乏对父母的孝心与爱心。

对此，父母应该为女儿树立一个好榜样，让女儿明白自己为这个家所付出的辛劳，让女儿从小事做起，逐渐培养她们孝敬父母、尊敬长辈的好习惯。具体而言，应该这么做：

方法一：要让女儿体会到父母所付出的辛苦

悠悠的爸爸是一个建筑公司的副经理，每天都很忙碌，有的时候一直加班到晚上 10 点才能回到家。爸爸对悠悠说："爸爸最近非常忙，也非常累，但爸爸要坚持住，为了我们家的小悠悠以后生活得更好，再苦再累爸爸也都认了。"时间一长，悠悠便知道爸爸在为这个家奋斗，她也不怪老爸没时间陪她了，有时，她还会特地等着爸爸回来给他按摩、捶背。

现在不少女孩不知道父母工作情况，不知道父母为什么那么忙碌，只知道每月固定向父母要钱买这买那，认为父母给自己吃好的、穿好的、用好的是理所当然的。这样的小孩怎么会从心底里孝敬父母呢？父母应当有意识地把自己在外工作的辛劳和收入的情况告诉女儿，从而让她能明白父母挣钱不易。那么以后自然而然，女儿就会越来越珍惜自己现在的生活，也会从心底里产生对父母的感激和敬重。

方法二：引导女儿为父母做一些力所能及的事

每次小琪过生日，妈妈都会准备一大桌子的菜为她庆祝，爸爸也会从外面带一个大蛋糕回来让她过一个风风光光的生日，但小琪从来不知道爸爸妈妈生日是哪一天。这一天，是小琪 15 岁的生日。吃完晚饭，小琪爸爸对女儿说："你看你每次过生日妈妈都那么辛苦，但妈妈自己却没有过上一次生日，你是不是应该报答一下妈妈呢？"女儿想了想，跑到厨房去，对妈妈说："妈，我来洗碗，你忙了一天，太辛苦了，好好休息休息吧。"妈妈欣慰地笑了。

对于生活中的小事，爸爸没有轻易放过。而是以它为"教材"，给女儿结结实实地上了一堂"孝顺"课。这堂课让女孩明白了父母的辛劳，也让女孩借用劳动表达了自己的孝心。各位父母在培养女儿的同时，也可以从这个方向入手，让女儿承担必须完成的家务劳动，哪怕是吃饭时摆筷子。这种习惯一旦养成，她就会把孝敬父母当成一件天经地义的事。当然，这也要根据女孩的年龄、能力、学习情况合理分配，父母要做到具体指导，对其耐心训练、热情鼓励。这样有利于女孩不断增强孝敬父母的观念："爸爸妈妈辛辛苦苦养育了我，我应为他们多做事。"

方法三：父母以身作则，做孝敬长辈的楷模

女孩对待父母的态度，直接受父母对待长辈态度的影响。也许我们都看过这样一个故事：

有一对中年夫妇对年迈的母亲非常不孝顺，他们把老人撵到一间破旧的小屋里居住，每顿饭用小木碗送一点点吃的东西给老人，而且老人生病他们不管不问。有一天，他们看到自己的小孩在雕刻一块木头，就好奇地问小孩刻的是什么，小孩说："我在刻木碗，等你们年纪大的时候好给你们用。"这对中年夫妇听后猛然醒悟，明白了自己的过错。于是他们马上把老母亲请回正屋同自己一起居住，扔掉了那只小木碗，开始全心全意照顾老人的生活起居。小孩因此也转变了对他们的态度，从此一家三代和睦生活。

可见父母的行为对孩子的影响有多大。现在这种不孝敬老人的现象还是存在的。有些夫妻不仅不照顾自己的父母,反而千方百计"刮空"老人的财物，这给孩子造成了很不好的影响。因此，每一个父母都要注意自己的言行举止，因为你的一言一行会影响到自己的女儿，女孩在父母的熏陶下，也会模仿父母的行为。

如果父母离长辈居住地较远，工作较忙，不能和老人朝夕相处，那么在休假日要尽量抽时间带上孩子去看望老人，帮老人做些家务，和老人谈谈心，同老人共聚同乐，尽一份子女应尽的责任和义务。如此长时间下去，女孩耳濡目染、潜移默化，会将父母的行为记在心里，继而养成尊敬长辈、孝敬父母的好习惯。

第53招

幸福始于劳动

——如何引导青春期的女孩爱上做家务

女孩的困惑

为什么要我做家务呢？我是孩子，只要读好书不就行了？认真读书才是我们的首要任务，家务不都是妈妈的事情吗？……

“我女儿都13岁了，还不会洗衣服，她的衣服从来都是我洗。”

“我在八九岁时就帮妈妈洗衣做饭，但我女儿现在都17岁了，连碗都没刷过。”

“我女儿太懒惰了，每次吃饭的时候，她从来不帮我拿碗筷。等我们把碗筷摆好了，她才凑过来。吃完饭，她也从来不帮我收拾桌子。”

在人们心目中，女孩一般都是勤劳能干的，但是现在为什么出现了这么多不爱劳动的女孩呢？这当然和家长的教育方式有关。现在很多家长怕孩子吃苦受累，便“剥夺”了孩子的劳动权利。还有些家长怕干家务耽误孩子的学习时间，宁可自己受累，也不让孩子帮自己干活。慢慢地，女孩们变得越来越懒惰，就是帮家长拖拖地、洗洗碗也不肯干了。

据心理学家研究发现，劳动可以促进孩子的智力发展，而且对孩子品德、兴趣、意志的培养，都起着至关重要的作用。因此，让女孩养成爱劳动的好习惯，是每一个做父母的责任与义务。

有的父母会说我家的女儿不爱劳动怎么办？其实，每一个女孩对家务劳动都是充满好奇的，关键在于家长如何去引导，使其保持对劳动的积极性。那么，对于父母来说，怎样让女孩养成爱劳动的好习惯呢？

方法一：别心疼女儿，让她承担一些家务

一位妈妈在网络日志中这样写道：

由于工作忙，所以女儿从小就生活在爷爷奶奶家里。二位老人非常娇惯孩子，女儿到了十五岁，还什么都不会干。这次她放暑假了，来到我们身边。女儿一进家门非常高兴，她跳到沙发上，然后两腿一伸，手拿遥控器，看着喜欢的电视剧，不由感叹道："自由真好！"我担心这种状态会持续到新学期开始，于是我开始点醒女儿："自由？你们老师不是布置了社会实践活动的作业吗？难道你忘记了？你选择吧，看是去发报纸还是去送牛奶？再不就在家里做点力所能及的活儿。"女儿一听，马上耷拉下了脑袋："哎，那我选择从家里的活做起吧！"很好，不错的开端，接下来我要好好锻炼她了。

趁热打铁，我开始要求女儿自己的衣服自己洗，而且每次洗完都要送我检查，我说过关了，她才可以去做别的事情。在我的诱导下，女儿不仅将自己的衣服洗干净，还帮我和她爸爸洗衣服，这当然受到家人的一致赞扬！

到后来，她还承担了家里的卫生劳动，比如扫地、拖地。她爷爷来的时候看到这些情况很奇怪，孙女怎么了？好像脱胎换骨了，成了一个全新的孩子！

在现如今的节约型社会里，让女孩分担家务，就是让她懂得如何过日子。苏联著名文学家高尔基曾经说过："天才就是劳动，人的天赋就像火花，它既可能熄灭，也可能燃烧起来。而使它成为熊熊烈火的办法只有一个，那就是劳动，再劳动！"

但是很多父母都忽视了这点，其实，女孩很需要从自己的劳动里获得成就感，建立信心与责任心。对于我们父母来说，一定要摆正教育心态，切不可因为心疼女儿而不让她们劳动。这样做，其实并不是在爱女儿，而是害女儿。

方法二：以夸奖的方式让女儿帮忙

芝芝是一个非常聪明、性格开朗的女孩，但她有一个毛病就是"懒得动"，她每次都会为自己的懒惰找借口辩护，千方百计地让自己蒙混过去，不做劳动。她换下的衣服总是随手就扔，连书包都不主动收拾。每次妈妈督促她，芝芝总会说："我先休息一会儿。"过了一会儿，妈妈再让芝芝收拾，她就说："有点累了，明天再说吧。"

这天，芝芝的朋友来家里做客，芝芝又把房间搞得很乱。妈妈想让女儿收拾，但怕她又找借口。于是，妈妈换了一种方式，她对芝芝的朋友说："芝芝是我们家的主人，非常能干，经常帮我做家务。"芝芝听到以后很不好意思，开始带头整理房间。

对于女孩来说，做家务不是她的义务，而是认识生活的手段之一。因此当自己的女儿对劳动产生抵触情绪时，妈妈千万不要责怪她，更不能采取强制手段，而应该换一种方式教育她，既不能伤了女孩的自尊心，也不能丢了她的面子，让她在鼓励中明白自己应该做什么。如果女儿的行为习惯有些许改正，父母应该及时鼓励，以激发她的劳动热情。

对女孩实施劳动教育，父母千万不要简单地把女儿当劳动力使唤，也不要把劳动当成惩罚女孩的手段，更不要以金钱和物质对女孩的劳动进行奖惩。应该重视劳动过程的具体指导，多给予鼓励，让女孩感受劳动的愉快。

方法三：将劳动“游戏化”，增强劳动的趣味性

游戏是孩子的学习方式之一，其实做家务也可以游戏化。比如，妈妈可以利用女儿好胜、好奇、不服输的性格特点，与她进行家务比赛，看谁做得又快又好。在这个过程中，妈妈既可以故意让女儿胜出，以增强她们的信心和做家务的热情；也可以偶尔让女儿“落败”，并借此机会引导女儿总结教训，适时向她传授胜出的技能“秘籍”。

另外，需要我们注意的是，引导女孩做家务，一定要在她心情好的时候，这个时候的精神状态也有利于家务活的顺利进行。不然，女孩很容易在不良情绪和家务之间建立负面联系，进而影响她们对劳动的态度定势。

第54招

冲动是魔鬼

——如何引导缺乏自控力的女孩

女孩的困惑

最近我的心情不好，总是为一点小事和别人吵架。难道我也像妈妈一样，进入更年期了？怎么才能改掉这些坏毛病呢？

美国一项最新研究显示，如果一个处于青春期的孩子，自我控制能力比较差，不懂驾驭自己的情绪，也不懂得约束自己，若父母不加引导，任其发展，那么这个孩子在步入成年后，可能会出现各种各样的问题。健康方面，会出现牙龈病、高胆固醇、高血压和体重超标；财务方面，一般收入水平较低，容易陷入财务困难；生活方面，易对毒品、酒精产生依赖，或违法犯罪；家庭方面，易成为单亲父母……由此可见，自控能力对青春期女孩的重要性。

灵慧参加了一次校级外语竞赛，谁知结果出乎她的意料，成绩次于同班的张芳，位于第二名。当老师在全班表扬张芳时，个性要强的灵慧终于情绪“崩盘”，她抢过张芳的获奖证书，一下撕了个粉碎，还指着对方说：“有什么好得意的？我下次一定超过你！”然后愤怒地离开了教室……

在女孩成功的路上，最大的敌人其实并不是别人，而是自己，是对自己的控制。无法自我控制，生活就会乱套，比如事例中的灵慧，竞赛失利，她不但没有反思自己失败的原因，还当着老师和同学的面对张芳大吵大嚷，撕碎了人家的获奖证书，这就是自控能力差的表现。如果不加约束，步入社会后依旧如此，那么女孩会因自己的不能自控而输掉人生。

什么是自控能力呢？是指一个人对自己的想法和行为能够自知、自控的能力。女孩的自控力是随着年龄的增长而发展起来的。如果你的女儿小时候就比较任性、自我，你没有过多管教，那么女孩到了青春期，则更加容易冲动，更加容易出现过失、莽撞行为。因此，每一位父母都要抓住青春期这个能力发展的关键时期，引导女孩学会自我控制。

方法一：延迟满足女儿的需求，抵制其欲望

有一位妈妈的育女经验很值得父母们学习：

我的女儿香香非常喜欢买衣服，每次她逛街，都非常没有节制，看见好看的衣服就要我为她买。这一天，我们又出门购物，走到一家服装专卖店时，香香不由自主地走了进去，随后就拿起一件衣服，“妈，这衣服好看不？”我想了想，觉得自己不能再对女儿百依百顺了，应教她学会掌控自己，于是我说：“女儿，这件确实挺漂亮的，但是世界上好看的衣服太多，你能都穿在自己身上吗？自然不能，所以应该学会适可而止，减少自己的欲望。”女儿认真地看着我。我继续说：“欲望是一条毒蛇，如果你想过上美好的生活，就一定不要被它吞噬，而是努力掌控它！”女儿听后，会意地点了点头。

法国教育家卢梭曾说过：“你知道用什么办法准能使你的孩子得到痛苦吗？这个方法就是——百依百顺。”这是因为女孩在父母对其有求必应的条件下，头脑中会渐渐形成一种思维定式，认为自己想要的都会马上得到，所以会变得越来越任性，越来越贪心。而延迟满足自己女儿的需求，不但能够锻炼她的耐性和自律性，还可以帮助她学会节制，抵制欲望，成为一个自我约束性很强的女孩。

方法二：教女儿理智控制情绪，学会自我降温

英子的妈妈被老师请到学校，因为英子上课的时候和同学吵架，影响了课堂的纪律。老师批评英子的时候，英子还和老师顶嘴，这一现象造成了很不好的影响。英子的妈妈知道英子性子急躁，缺乏自控力，但是自己说她又不听，于是她决定让女儿学会自我降温。

妈妈在家里挂上让人平心静气的条幅，买回很多鲜艳、芬芳的花卉，让英子随时都能够看到；一有空，妈妈就为英子放一些舒缓、悠扬的民谣乐；她还买回一些提高情商的书，放在英子的枕边；每天饭后，妈妈还有意无意地讲一些名人成功的故事给英子听。慢慢地，英子的脾气好了很多，遇事再也不会那么急躁与莽撞了。

父母要让女孩自己有意识地控制、调节自己的情绪，学会自我降温，可以用有意识间接地提示她的方式。这样一来，女孩往往能及时意识到自己情绪的变化，以及由此产生的后果，因而能迅速控制自己的情绪。当她内心冲动的时候，一看到周围的提示就会下意识地控制自己，用理智减轻自己的鲁莽，这样就不会伤害到别人，也不会伤害到自己了。

方法三：父母以身作则，先把自己的情绪管理好

冲动是自控能力差的具体表现。现实生活中，不仅很多孩子爱冲动，大人们又何尝不是？当自己的工作、家庭、情感、经济等方面遇到问题时，很多父母都会大发雷霆。殊不知，这个时候你的一言一行都会潜移默化地影响女儿。甚至还有一些父母，对思想叛逆、不容易受管束的女孩拳打脚踢，造成极其恶劣的影响。

因此，父母不仅要教女孩学会控制自己，还要努力控制好自身的情绪，遇到问题头脑先冷静一下，等心情平静下来再处理，不断提醒自己，以身作则，为女孩树立良好的榜样。

方法四：教给女儿“数字转移法”

作为父母，当你的女儿冲动时，你应该教会她遏制怒火，控制内心波涛汹涌般的情绪；当你的女儿虚荣时，你应该让她看淡外在，远离攀比……总之，青春期女孩的感情丰富但不稳定，父母一定要教育其增强自控能力。

如果女孩实在没有办法提高自己的自控能力，父母可以教给孩子一个最笨的办法：就是在自己感到很不爽时，或者情绪激动时，把自己的情绪立即转移到阿拉伯数字上去，坚持数完100个数，再做下一步决定。方式虽然老套，却可以扼杀冲动这只魔鬼。

第55招

精打细算才能获得更多财富

——如何把女儿培养成理财高手

女孩的困惑

一直以来都是妈妈给我多少钱，我就用多少钱，买自己喜欢的东西，做自己觉得开心的事。但前几天捐款，我发现同桌捐了很多钱，她说那都是她自己存的，真让人羡慕，她是怎么做到的呢？

大部分父母都会有这样一种思想：只要女儿学习好，那么其他事情都可以商量甚至放纵。这其中也包括她们的一切开销，就连生活上的琐事也全都是由父亲或母亲代为处理，平时，女孩想要多少钱，父母就会给她们多少钱，给的时候也没有一点使用指导。如此一来，女孩对金钱的概念十分薄弱，也无法理解父母挣钱的辛苦，继而影响到自己的择业观和人生观。因此，父母不该一味地“富养”，应看重理财的意义，引导女孩树立正确的金钱观。

那么，如何让女儿从“娇女”变成财女呢？父母们应学会下面几招：

方法一：从小培养女孩的储蓄意识

一位优秀的妈妈曾经谈到自己的育女经验：

在女儿五六岁的时候，我就开始培养女儿的储蓄意识。当女儿向我要求买一件衣服或者一个玩具的时候，我就会对女儿说："妈妈每天都给你零花钱，你要是把零花钱存起来，过一段时间不就能够买到了吗？"女儿接受了我的建议，把零花钱存了起来，果然每次都买到了自己想要的东西。

慢慢地，女儿很少乱花钱了，而是把钱存起来买自己想要的玩具、衣服等。到后来，我还送给女儿一个储蓄罐，这更增加了女儿存钱的兴趣。等女儿长大一些，我给女儿办了一个储蓄存折，让她专门用来存压岁钱。这让女儿十分兴奋。在我的指导下，女儿不仅把所有的压岁钱都存了进去，还不时和我算一算得到了多少利息。

现在，我女儿完全没有乱花钱的坏习惯，储蓄意识也非常强。

储蓄是一种很好的习惯，我们从小就应该培养女儿的储蓄意识。父母首先应该教女孩学会为短期目标存钱，为女孩办理一个储蓄存折，这样不仅可以防止女儿乱花钱，还可以让她熟悉银行的各项业务及手续，对培养她的理财能力有很大帮助。

方法二：让女儿学会精打细算的生活

女孩倩倩以前可是个"小浪费"。全家人一起去逛超市，她总是把自己喜欢的东西接二连三地往推车里扔；平时妈妈给她的零花钱，往往一眨眼的工夫就不见了踪影。这样下去可不行，倩倩的妈妈看在眼里，急在心上。女儿从小不学会打理金钱，那么长大了以后该如何自立呢？倩倩的妈妈经过思考，决定从零用钱这个"小问题"上着手，采用"选择题"战术，让女儿学会有计划、有克制地对待金钱。

首先从吃的方面开始着手，妈妈告诉倩倩，如果想要吃好吃的，那么放学就得走回家，而不能坐车，如果坐车那么就得放弃零食。还有，平时帮忙做家务可以有部分零花钱，这笔钱可以自己支配，也可以“储蓄”在妈妈这里，到年底，妈妈可以一次性给她兑现5%的利息……这样一道又一道的选择题摆在倩倩面前，她就多了一门心思，学会了精打细算。在这个基础上，妈妈再趁热打铁给她灌输一些简单的储蓄知识。过不多久，在妈妈的帮助下，女儿也开始拥有自己的银行存折了。

当女儿再长大一些，父母就可以重点培养她的科学理财观。要让女孩知道，人生未来哪些地方要花大钱，以后怎样投资：关于结婚的开销，关于买房的存款利用，甚至以后退休养老的保障等。有了比较“有感觉”的目标后，相信女孩一定会更加认真对待。

方法三：教育女儿靠自己的智慧赢得财富

人生最宝贵的财富是智慧，女孩只有依靠自己的智慧，才能长久地赢得财富。每一位父母都可以将自己对家庭财富的合理分配详细说给女儿听，让她能够从中受到启发和教育。

当然，父母也可以给女儿一笔小钱，让她在实际操作中得到最宝贵的经验。这一阶段父母可旁观但不要插手，不论是盈利还是亏损，都让女儿自己去承受。这是一节必要的理财课，因为女儿可以依靠自己的智慧，去获得合理的理财方法，学到更多的知识，这样才能让女孩在将来的生活中获得更多的财富。

这个阶段女孩如果已累积足够经验，那么相信她们将来不管做哪一行，至少都有财务概念，对自己的工作也一定会很有帮助。

第 56 招

成功需要有始有终的精神

——如何纠正女孩半途而废的坏习惯

女孩的困惑

最近做任何事，似乎都没有什么耐心，总是开始没多久就有些坚持不下去了，我的心里也很困惑。明明最初喜欢的事情，怎么到后来就没有什么兴趣了？人越来越懒得动了，怎样才能纠正这个毛病呢？

有些细心的父母观察自己的女儿做事，会得出这样一个结论：刚开始的时候表现得很不错，认认真真地做事情，但是时间一长，态度就发生了改变。女儿没有那么专心了，开始懒惰起来，为自己找各种理由与借口，敷衍了事。再后来，就越发地不耐烦起来，最后干脆就放弃了，搁置在一边，再也不会提起。

为什么现在的孩子失去了恒心和毅力呢？这和父母的娇惯有很大的关系：

女儿半天没有算出数学题，妈妈看时间晚了，对女儿说：“别算了，还是明天再说吧。”

女儿练习芭蕾舞，每天回来都脚尖疼，爸爸看见了心疼地说："吃不消就别练了。"

女儿答应和爸爸一起晨练，但是天气太冷，女儿不想起床，爸爸说："那就多睡会儿吧！"

…………

由于父母的娇惯，女孩变得吃不了苦了，遇到困难的时候，想到的不是迎难而上，而是知难而退。这样天长日久地发展下去，恒心和毅力渐渐被消磨掉了。所以，要想培养女儿的恒心和毅力，父母们自己也要坚持，不能因为女儿的要求而做出让步。

方法一：心"狠"一些，引导女儿做事有始有终

父母需要明确告诉女儿：世上每一个人都会有烦恼，每个人一生都会遇到很多困难与挫折，每一个成功人士背后都有不为人知的辛劳与汗水，只有学会从挫折中解脱，重新振奋，把自己的梦想坚持到底，才能赢取最后的胜利。必要时，父母的心一定要"狠"一些，否则，就难以培养出具有坚强意志的女孩。

一位母亲谈到了自己的育女经验：

我发现女儿对音乐感兴趣，就帮她报了一个钢琴班。但女儿学了一年后发现，小提琴更有意思，便提出学习小提琴。我答应了她的要求，但也提出条件，必须坚持到底，她想了想，便点头答应了。就这样，她开始学习小提琴。

但是，相似的情况又出现了。女儿开头几个月非常有热情，时间一长，她的兴趣一过劲儿，就打起了退堂鼓，开始想要偷懒。我一直鼓励她继续学习，任凭她哭闹也绝不松口。渐渐地，她发现我不会让步，便耐住性子学了下来。终于，她的勤奋换来了好的成果。在后来的音乐节中，她参加小提琴比赛获得了一等奖，每场精彩演出都获得了评委老师的认可和观众的阵阵喝彩。得到学校的表彰后，女儿欣喜万分，也非常感谢我的督促和鼓励。我则认为这些成绩都要归功于女儿持之以恒做事的好习惯。

让女儿参加培训班，是很多父母都会考虑的事情，报名的时候欢呼雀跃，结果往往都是虎头蛇尾。很多女孩因为吃不了苦，所以选择半途而废，而有些父母也因为心疼女儿，就纵容她们的行为。如此发展下去，很有可能导致女孩最终一事无成。所以，父母要想女儿今后能取得一定的成绩，就必须培养她们的恒心与毅力，要求女儿做事有始有终，舍得让女儿吃一些苦，积极督促她们完成任务，直到形成习惯为止。

方法二：让女儿学会承担应有的责任

在日常生活中父母可以充分利用各种机会培养女儿的坚持性，比如买菜、做饭、洗碗、擦桌子、收拾房间等。可能刚开始的时候，女儿会有所抱怨，但只要父母不娇惯她们，在一旁督促，让女儿用心把一件事做完。那么时间一长，女孩就会形成做任何事情都要坚持做完的良好习惯。

琪琪今年 12 岁，很喜欢小动物，对于街上流浪的小猫小狗都要捡回家来。但她往往只有三分钟热度，捡回家后喂喂食物，和它们玩耍一番后便不再管它们，这些动物往往是进门几天，还没来得及熟悉环境就被送了出去。

这一天，琪琪又从外面偷偷抱了一只小猫回来，妈妈看到后严肃地对她说：“既然你把小猫带回来了，就要对它负责，不能只知道让它陪你玩，而不处理接下来的事情。如果你选择留下它，那么今后小猫的生活起居你就要负责到底，包括帮它洗澡，还有带它打针看病。”琪琪看着妈妈的表情，知道这次妈妈是认真的，于是她点点头，同意了。

从那以后，妈妈就开始教导女儿一些宠物常识，然后开始督促女儿照顾小猫。在妈妈的鼓励下，琪琪照顾小猫已经快两年了。

父母要让女儿明白，对待任何事情都要认真负责。如果女孩没有责任心，那么她们就不会全力以赴地做某件事，更不可能坚持到底。所以，父母要让女儿学会承担责任，让她们在做事的过程中明白想成功就要坚持。

方法三：为女儿树立一个良好的榜样

父母是女儿的第一任老师，要让女儿做事持之以恒，父母就必须做出榜样，以身作则。如果父母平时做事也是拖拖拉拉，雷声大雨点小，喜欢半途而废，那么这些坏习惯也都会“传染”给自己的女儿。试想，自己又拿什么来说服自己的女儿做事坚持下去呢？所以，我们父母在平时一定要注意自己的言行，注意给女儿带来积极正面的鼓励，做事认真负责，一旦开始，就坚持到底。

父母也可以利用生活中的一些实际问题，例如养花养草、看书学习、做家务活等，通过言传身教的方式教导女儿，让女儿意识到好习惯的形成贵在坚持，让她们明白“不积跬步，无以至千里；不积小流，无以成江海”的道理。缺乏坚持力的人是无法取得成功的。

第57招

一粥一饭都是来之不易的

——怎样纠正女儿奢侈浪费的行为

女孩的困惑

为什么妈妈给我的零花钱这么不经花，还没两天，我就全部花光了？也没买什么啊，不就是一条品牌裙子吗？班上很多同学都买啊。现在，妈妈开始限制我的零用钱了。她那么有钱，为什么还在乎我那点钱呢？真想不通。

节俭不仅是一种理财方式，更是一种生活方式。它教会人们如何有效地管理自己的财富，使自己过上更加幸福的生活。古人曾经说过：成由勤俭败由奢。许多以俭养德的事例告诉我们，要把女孩培养成有志向、有追求、有出息的人，勤俭节约、艰苦朴素的教育是必不可少的，这是父母能够给女儿的永久财富，也是世代相传的“传家宝”。每一个父母在教育女儿勤俭节约的时候，都必须从自己着手，从小事着手，以身作则，只有这样才能为女儿树立一个良好的榜样，帮其纠正奢侈浪费的不良行为。在家庭教育中，父母尤其要注意以下几方面：

方法一：让女孩明白，钱是通过劳动赚得的

父母的思想观念要从“给孩子钱”向“让孩子去赚钱”转变，要让孩子早一点明白，钱是通过劳动所挣得的。现在已有不少的家庭这样做，并取得了卓有成效的成果。

一位母亲是这样做的：

瑶瑶的妈妈总是对女儿讲这样一句话：“想花钱就应该付出努力，付出劳动。天上从不会无故掉下馅饼！”瑶瑶牢牢记在了心里。

她读初二时，有一次，无意间听妈妈提起一些杂志的稿费标准，于是瑶瑶心里便有了主意，她开始模仿几米的漫画形式，以学校与家里发生的有趣事件为素材，创作了几幅插画。而瑶瑶的妈妈看后也完全照着现实社会的标准，让女儿自己去杂志社推销。在向杂志社推销的过程中，瑶瑶体会到了挣钱的辛苦、生活的不易。从此，她更加爱惜金钱了。

你也可以仿照这个事例，使女孩懂得一粥一饭都来之不易，一滴水、一度电都是经过工人的辛勤劳动得来的。父母为她们提供衣食住行的所需费用，也不是不费力气就挣来的。当她们知道挣一元钱要付出的辛苦与汗水时，才会对钱有一个概念。当女儿心里有了盈亏的权量，懂得计算得失，知道付出与劳动报酬的关系后，对“钱”的认识也会发生根本性的转变。

方法二：适当地给女孩一点“苦头”尝尝

安儿是一个爱美的女孩，每次看到漂亮衣服都吵着要妈妈帮她买，也不知道如何去勤俭节约。她在家里也很少做家务，在花钱方面更是大手大脚，不知道计划。虽然安儿的父母都很能干，为安儿创建了一个不错的家庭环境，但安儿却不懂得珍惜。

安儿的妈妈决定改变这种状况，于是开始严格控制安儿的零花钱，每个月定期发放，如果女儿用完的话那只有等到下个月了，而且零花钱的数目是根据家务劳动量的多少来决定的。在以后的日子里，妈妈也会经常提起古人勤俭节约的故事，让女儿知道那是一种美德。其次，妈妈会故意去夸奖邻居或朋友家小孩一些节约的行为，批评那些懒惰、奢侈的行为。慢慢地，安儿意识到自己行为的坏处，从而有针对性地去改正。一段时间后，妈妈惊喜地发现，女儿不仅勤快了很多，而且学会了节省，再也不大手大脚花钱了。

让女孩从小学会节俭，就要让她们适当尝点“苦头”，没有吃过苦的小孩，是不会知道父母赚钱的艰辛的，也根本不知道珍惜自己拥有的幸福。现在有很多女孩都被父母宠坏了，她们没有经历过艰难困苦，根本不懂得“节俭”二字的深刻含义，只要求吃好的，穿好的，零用钱越多越好，玩具越高级越好，如果达不到要求就会生气，找父母发飙。还有的孩子随便浪费粮食，不尊重妈妈做饭的辛苦，也不了解这粮食的来之不易，对待不喜欢吃的菜，就随意泼洒，到处乱丢乱扔，浪费严重。她们不知道粒粒皆辛苦的道理，更不知道奢侈浪费的后果。所以，父母一定要培养她们认识勤俭节约的重要性，珍惜现在幸福的生活。

方法三：注意营造节俭的家庭生活氛围

家庭是个体最早接受教育的场所，父母平时的消费习惯、理财方式、劳动行为和态度对女孩都有着很大的影响。如果父母做事有计划地支出，有着理性的消费观念，家中一切物品，包括女儿的衣物、玩具、学习用品等都能有计划、有准备、按需要添置，而不是根据自己或女儿的一时冲动购买，而且非常爱惜和保护所购的物品，家中一切设施摆放整洁，上上下下、里里外外都管理得井井有条，每一个人都勤收拾，常整理；那么，女孩就不易产生奢侈浪费的毛病，面对诱惑具有一定的抵抗能力，而且从小就能养成理性消费、尊重劳动、勤俭节约的良好习惯。

第七章

青春期自我保护

送给青春期女孩的平安护身符

青春期女孩如含苞欲放的花蕾，最容易成为“色狼”攻击的对象。由于青春期女孩体力有限，社会经验较少，因此，父母有责任加强女孩的自我保护意识。平时要经常提醒女孩不要轻信陌生人的许诺，对熟悉的男性也应保持交往距离等。

女孩必须锻炼身体力量。认为女孩是弱小的这种信念，使我们过度担心女孩的身体能力。自信心和身体健康是女孩们强有力的护身符。在适当的年龄阶段开始一些自卫课程对每个女孩都极为重要。这种训练虽然不能确保女孩安全，却能使她们比没受过训练的人有优势。

第58招

“他为什么跟着我？”

——被人跟踪时，女孩该怎么办

女孩的困惑

今天下午放学回家的时候，我感觉有个男人一直在后边跟着我，吓死我了。幸好人少的时候，我赶紧打辆车回家了，到现在我还心有余悸。我听说有单独回家的女孩被别人骗或者受到伤害的，我也担心自己，但都上高中了，不可能天天让爸妈接送吧。我该怎么办呢？

现今社会是一个复杂的大世界，对于女孩子来说，她们比男孩子遇到的潜在危险更多，很多坏人都把目光盯在了这些反抗能力弱、自我保护能力差的女孩子身上。

下面这个女孩就遭遇了这样的事情：

有一天放学后，晓雪没有像平时一样背起书包就回家，而是打算留在教室里写完作业再走。等她完成作业从学校出来的时候，天色已经暗了下来。她家离学校并不是特别远，所以晓雪上下学都不骑自行车，而是步行。从学校到家要经过一个小巷子，碰巧那天路灯坏了，晓雪只好一个人摸黑前行。走到半路的时候，晓雪突然感觉身后有人在跟着她。她走，那人也走；她停下，那人似乎也没有了声音。晓雪迫使自己冷静下来，假装并没有在乎身后是否有人跟踪她，步伐也有意识地加快，她听到身后的步伐明显也加快了很多。于是，晓雪快速地奔跑起来，而且大声地喊道："爸爸，我回来了！"

看吧，女孩子就会遇到这样的危险事情。试想一下，如果我们自己的女儿遇到被人跟踪的事情，她会怎么做呢？是吓得哇哇大哭、不知所措，还是想办法巧妙应对这样的情况呢？作为父母，我们当然希望女儿在大人不陪伴的情况下，能够自己很好地处理被别人跟踪这类事情，毕竟我们不能无时无刻地陪在女儿身边，这个社会很危险，我们一定要帮助女儿提高她的自我保护能力。

下面就"女儿发现自己被人跟踪了，应该怎么办？"这个问题，给父母们提供一些方法：

方法一：尽可能为女儿创造结伴同行的机会

有一位母亲的教育经验是这样的：

女儿上了初中之后，离家有些远了，我就给她买了一辆自行车，也没有像以前那样接送她了。一天放学后，女儿突然跟我说，上完晚自习回家的时候，似乎有个中年男人尾随她，吓得她只能拼命骑车子。我听后很担心，但又不能天天接女儿放学，所以就让女儿多跟同学结伴而行，尽量减少她单人行走的机会。一开始，女儿说没事，自己可以，但是我暗地里嘱咐女儿的几个好朋友，让她们尽量和女儿一起回家。慢慢地，女儿喜欢上了这种结伴而行的放学之路，有时也会故意等着大家，然后一起回家。这也大大提高了她放学回家的安全性，我也放心了很多。

这位母亲的教育经验很值得其他女孩父母们借鉴，因为我们不能在女儿上学、放学、外出等时间都跟着她、保护她，而且对女孩过度的保护也不利于她的健康成长。所以当女儿遇到一些潜在的危险，例如被别人跟踪时，我们应该尽可能为女儿创造结伴同行的机会，提高她的出行安全性。

一般来说，落单的女孩最容易成为坏人的目标，尤其是未成年女孩，因为她们在体力、心智等方面都不太成熟，很容易成为坏人的目标。所以我们应该避免女儿成为“落单女孩”，多让女儿和同伴一起上下学或出行。

方法二：引导女儿学会一些对付坏人的方法

在如今社会中，是非美丑都不是绝对的，坏人也不会在脑门写上“我是坏人”四个字，反而他们常常表现得友好、善意，或者装作路人一样盯着他们看上的“猎物”。因此，父母必须引导女儿学会一些对付坏人的方法。

下面这位父亲是这样做的：

我女儿今年上高一，由于家离学校不是很远，所以她每天都回家吃饭，也不住校。但是我比较担心她晚上放学后的安全，所以在平时我总会教给她一些对付坏人的方法。例如感到自己被别人跟踪时，不要惊慌失措，要沉着冷静；要迅速观察周边环境，看清道路情况，例如哪儿人多，哪儿畅通等；我还不断锻炼女儿的勇气，要是遇到坏人，就厉声喝问：“你要干什么？”如果对方没被自己吓跑，那么自己就立即跑开，或者大声呼救，引来行人；如果不幸被坏人动手缠住，除了高声喊，还要奋起反抗，击打其要害部位，或者抓打面部……

这真是一位明智的父亲，可能她的女儿并没有在现实中遇到被坏人跟踪、骚扰的事情，但是他教会了女儿如何保护自己、如何对付坏人、如何应对突发事件，相信这个女孩以后遇到类似的事情也能将自身的危险性降到最低。

因此，父母应该在日常生活中多给未成年的女儿讲述一些对付坏人的方法，以便帮助她应对某些有伤害性的紧急情况出现，例如被人跟踪、诱骗、绑架等，这样才能真正达到保护女儿的目的。

第 59 招

“我能去酒吧玩吗？”

——在娱乐场所，女孩应如何保护自己

女孩的困惑

为什么爸妈一听说我去参加舞会或者去KTV唱歌，就紧张得不行？他们怎么就不明白，我已经长大了，不再是他们怀里的小女孩，已经能够自己照顾好自己了，我也想要有自己的娱乐生活啊！

爱玩本来就是每个孩子的天性。或许女孩的玩心没有男孩重，但是一旦进入青春期，那些原本乖乖听话的“小公主”也开始蠢蠢欲动，有些叛逆的心理再加上天生好奇心的促使，让她们对外边的花花世界充满期待和向往。尤其是那些充满诱惑力的娱乐场所，更是能引起女孩们的兴趣。

但对于未成年的女孩子来说，娱乐场所毕竟不是她们可以经常光顾的地方，更何况娱乐场所里同样存在着未知的危险。

有一个上高中的女孩就在娱乐场所遇到了这样不幸的事情：

一天，琳琳在校外的朋友邀她去酒吧玩，说是开开眼界。琳琳本来就对酒吧充满了好奇，所以兴奋地答应了。当琳琳和朋友走进

酒吧后，朋友将琳琳单独留在吧台，就和一个在酒吧遇到的朋友到一边聊天去了。正当琳琳一个人无聊地环顾四周时，一个长相帅气的大男孩走到琳琳旁边，递过来一个杯子，说是请琳琳喝饮料。琳琳看到这么帅气的男生请她喝饮料，什么也没想就喝下去了。但是两三分钟之后，琳琳就感到一阵眩晕，还来不及说句话就晕了过去。等琳琳醒过来的时候，就看到自己一丝不挂地躺在宾馆的床上，旁边还睡着那个请她喝饮料的帅哥。她这才意识到，自己被迷奸了。

事实上，像琳琳这样的类似情况在现实生活中时常发生，电视上、报纸上、网络上都曾多次报道过。社会上有很多复杂的人，他们往往等候在娱乐场所里，一旦有年轻的女孩出现，就伺机采取行动，而很多涉世未深的女孩很容易上当，结果给自己的身心带来巨大的伤害。

所以，父母们要教会女孩在娱乐场所应该注意些什么以及如何保护自己。下面就给父母们提供一些方法作为参考：

方法一：告诫女儿注意衣着装扮，和信任的朋友一起去娱乐场所

一位母亲曾遇到这样一件关于女儿的事情：

出差回来的那天晚上，听老公说女儿去参加舞会了。没想到这丫头一回来就气呼呼地跑进自己的房间。我走进她的房间，看见穿着超短裙、化着浓妆的女儿已经哭成了熊猫眼。我问她："不是开心地参加舞会了吗？发生了什么事情，谁惹你了？"女儿抽抽噎噎地说："本来我和同学开开心心地参加完舞会回来，可是半路上有个喝醉酒的男人非说我是他女朋友，还要搂我。我说我不是，我还是个学生，他非说我穿得和他女朋友一样。呜呜，我以后再也不穿超短裙了。"

众所周知，女孩子都爱漂亮，她们都希望穿上美丽的衣服成为人群中的焦点。但是去娱乐场所或舞会，父母还是应该告诫女儿尽

量不要穿太短的裙子或太暴露的衣服。因为很多时候，正是女孩们穿着不注意，才诱发某些犯罪行为。

另外，如果女孩一定要去酒吧、KTV 这类的娱乐场所，除了叮嘱她不要穿太过暴露的衣着外，还要告诉她要和值得信任的朋友一起去娱乐场所，并且尽量不要落单。因为那些单独出现在娱乐场所和舞会的女孩子，最容易成为意图不轨之人狩猎的猎物。所以我们在这之前就要告诉女儿不要和陌生人在娱乐场所搭讪，也不要喝别人给的酒，否则很容易让自己深陷危险之中。

方法二：告诉女儿在娱乐场所不要抽别人递过来的烟

一位母亲痛心地讲述了关于女儿的事情：

我女儿今年上高二，可我没想到她竟然染上了毒瘾。虽然正处于青春期的女儿叛逆了一些，也经常和我们吵架，但她从来不做那些出格的事情。后来，我才知道，女儿前一段时间去参加了同学聚会，一大帮人去了酒吧庆祝。当时参加聚会的人很复杂，有学生，也有社会上的小混混。大家一起玩乐的时候，一个校外的男生递给我女儿一根烟。女儿出于好奇，接过烟抽了起来。没想到，那烟里放了毒品。女儿当初要是没参加那个生日聚会就好了，可现在后悔也来不及了。

在娱乐场所里，并不是每一个人都存有善意，即使是朋友。所以，我们要告诉女儿，除了她十分信任的朋友，别人递给她的烟、酒、饮料等都不要接受，因为那里面很可能藏有毒品、迷药等危害自己的东西。

另外，还要告诉女儿，无论她多喜欢在娱乐场所结交的朋友，都不要让对方送她回家，因为她并不十分了解对方的为人，很可能会被对方暂时表现的善意所迷惑，以致陷入危险之中。

第60招

“这个叔叔真讨厌”

——女孩遭遇性骚扰，该如何应对

女孩的困惑

今天早上坐公车的时候，有个男的一直紧紧挨着我，而且他的手总是有意无意地摸着我的臀部。我心里很害怕，但也不敢喊出来，我怕丢人。如果明天上学再遇到这样的变态大叔，我该怎么办呢？

随着青春期的到来，身体日渐发育成熟的女孩子，不可避免地会遇到“性骚扰”问题。对此，大多数女孩选择的都是隐忍，认为这是无法说出口的“丑事”。

下面我们就先来看一些青春期女孩子亲口讲述的遭遇：

“有一次我一个人坐车去奶奶家，车上有个陌生男人紧紧地贴在我身上，我无法忍受他的过度‘靠近’，悄悄地移动了位置，可他却像膏药一样又贴了上来。”

“我们物理老师是个30多岁的男人，我物理成绩一般，他特别关心我的学习，常常留下我单独辅导，但这让我感觉很不自在，因为他总是有意无意地摸摸我的手，捏捏我的脸，搂一下我。”

“我上初中的时候，有个男生追求我，我没同意。没想到上了高中之后，他还是纠缠我，不但常常给我发短信、打电话，还去我们班找我。最让我忍受不了的是，他常在QQ上发一些暧昧的图片，甚至性暗示信息，这让我感觉很难堪。”

父母们如果仔细观察和关心女儿的生活和心理状况，就会发现身处青春期的女孩们都有类似上面那些情形的遭遇。其实，这种现象被称为“性骚扰”，它是指以性欲为出发点的骚扰，以带性暗示的言语或动作针对被骚扰对象，引起对方的不悦感，通常是碰触女性性别特征部位，妨碍女性行为自由并引发女性反抗。

在现实生活中，遭遇性骚扰的大多是年轻女性。一般来说，女孩子常遇到的性骚扰有以下三种：

校园性骚扰：学校有些“热情”的男老师和男生，常常会有意无意地搂女孩的肩膀、拍女孩的后背、扯女孩的头发，或者用腿去碰女孩的腿等。

公交性骚扰：拥挤的公交车是发生性骚扰最常见的场合，一些不怀好意的男性，常借着车厢的拥挤，有意无意地触碰女孩的胸、手、腰、臀部等敏感部位。

网络性骚扰：虚幻的互联网，给一些无聊男士提供了“骚扰”女孩更便利的方式，如发黄色图片、讲低级笑话，甚至说一些露骨的话题。

大多数女孩子在遭受他人的“性骚扰”时，采取的应对方式通常就是沉默，因为被别人性骚扰在女孩尤其是未成年女孩看来，是一件羞耻的事情，如果大声说出来或者被其他人知道，就会影响自己的声誉，成为别人说三道四的对象。再加上女孩本来就比男孩身体素质差，胆量小，反抗能力弱，所以她们宁愿“忍一忍”，内心羞愧地期盼事情过去，而不愿奋起抗争。

那么父母们应该怎么做呢？怎样才能让我们的女孩在面对“性骚扰”问题时，采取正确有效的解决办法呢？下面就给迷惑中的女孩父母们提供一些方法：

方法一：告诉女儿面对“性骚扰”不要做“沉默的羔羊”

有一个15岁的女孩在日记中这样写道：

我妈很早之前就告诉过我，如果有男孩对我动手动脚，我就要一身正气地警告对方，绝不可以软软弱弱地任人欺负。前几天，我和同学娟娟去市区逛街，那天公交车上人很多，有个男人老是挨着我们俩，而且他还把手放在我们的臀部位置，甚至趁着司机停车捏了我一下。面对这种“公交色狼”，我曾经告诉过娟娟应该怎么做，于是我们都假装后退，狠狠地踩在那个男人脚上，然后义正词严地说：“离我们远点，再摸我们就送你去派出所。”没想到那个男人痞痞地说：“臭丫头，踩我还有理了，谁摸你们了，是不是想找事！”娟娟冷笑了一声说：“哼，你刚才的所作所为我用手机已经录下来了，你最好这站就下车，否则我就去报案。”那个男人一听害怕了，灰溜溜地下了车。

这真是一位足智多谋的女孩。当然，她能如此妥善处理好“公交色狼”事件，也要得益于她母亲平时对她的教导：遇到“性骚扰”，不做“沉默的羔羊”。没错，我们就应该这样告诉女孩，让她遇到色狼的时候不能胆怯、沉默，要把愤怒、羞怯、恐惧等化成反抗的力量，一身正气警告或回绝对方的继续骚扰，也只有这样才能真正地保护自己。

方法二：让女儿与骚扰她的人保持距离，减少接触

有一位母亲是这样做的：

我感觉上初三的女儿苗苗最近一段时间有些心神不安。后来我才知道，女儿担任班上的化学课代表，与化学老师的交往多了，化学老师很喜欢她，就经常单独留下女儿来“谈心”，有时也让女儿帮忙登记化学成绩。最初,女儿因为这位化学老师的重视而感到很高兴，但是一段时间后，她发现化学老师开始夸她长得漂亮，接着竟然言谈轻浮，甚至开始动手动脚。我知道后不想把事情闹大，让女儿和那位老师都难做人，而是让女儿告诫他，如果他再这样就告诉校长和家长，而且告诉女儿以后不要单独见这个老师，一定要和别的同学做伴。过了不久，女儿告诉我，那个老师不敢再对她肆意妄为了。

女孩子遇到有人对自己不怀好意时，就应该像苗苗一样，先主动回避，尽量疏远那个骚扰自己的人，减少接触和交往；更要表现出对对方的拒绝、讨厌，然后明确告诉对方，自己很讨厌他的言行举止。我们还要告诉女儿，面对那些熟悉的人如老师、邻居、同学等骚扰她时，要学会疏远彼此关系，能断绝就尽量断绝。如果非要继续来往，也应该选择在公开场合，尽量增加彼此交往的透明度和公开性。

第61招

“今天我想去朋友家住”

——女孩在外过夜应注意什么

女孩的困惑 

每次只要我一说在朋友家过夜，我妈就火冒三丈，说一个女孩子家怎么能随便在别人家过夜，万一出事怎么办，所以她明令禁止我在别人家过夜。可我已经长大了，有时在朋友家玩得欢了，就不想走了，为什么我妈就不体谅我呢？

在一次“青少年问题咨询”座谈会上，一位母亲讲述了这样一件事情：

我女儿上小学的时候还是个乖乖女，什么话都听我的。可是上了初中之后，她脾气见长，在家里看什么不顺眼都要发脾气，玩心也很重，放学回家很少温习功课。我知道孩子这是在叛逆期，所以也不敢太批评她。但是她最近越来越过分，经常在外边过夜不回家，周末根本不着家。我要是不许她去女同学家过夜，这孩子就给我来个先斩后奏。有一次，我气得去同学家找她回来，她赌气和我几天不说话。我真不知道拿这个孩子怎么办？

处在青春期的女孩，虽然还不完全成熟，但是对独立、自由的心理需求，以及对同伴相处的渴望，让她们逐渐从家庭中游离出来，更多地与同伴一起活动、交流，结交志趣相投的同学为知心朋友。她们无话不谈、形影不离，认为朋友比家庭更重要，所以为了和“死党”有更多时间在一起玩，她们经常有意无意地在外过夜。

不过，青春期的女孩毕竟不是成年人，她们没有完全独立，在很多方面她们还需要父母的指导和帮助，尤其是像“在外过夜”这种事情更应该引起父母的重视。因为即使我们的女儿和她的朋友关系很好，但对对方的家人及对方周边的环境也不会完全熟悉，很容易陷入危险之中。

当然，我们也不能因为女儿在朋友家里过夜存在潜在危险，就禁止女儿的行为，这样很容易引起女儿的逆反心理，造成亲子关系破裂，同时也不利于青春期女孩的健康成长。

下面就给父母们提供一些应对“女儿在外过夜”问题的处理方法：

方法一：告诉女孩绝对不可在男生家过夜，去女同学家要“报备”

有一位母亲的教育经验是这样的：

上高一的女儿最近结交了几个好朋友，脸上的笑容也多了很多。我们对女儿的教育方式一向很开明，她结交朋友我们并不反对，但是前提是她不能因此耽误学习。最近一段时间，每个周末女儿总是想理由在外边过夜，说是和几个好朋友玩得太晚，就在对方家里住下了。我担心这样下去会出事，于是和女儿制定了外出协议。例如尽可能不在外过夜；如果非在外过夜不可，绝不可以在男生家过夜；即使是在女同学家过夜，也一定要把对方的住址告诉父母，另外要保持和父母的畅通联络，最好睡觉前和早起时都给父母打个电话或者发个短信，等等。经过一段时间的实行，女儿不但对我更加信任，而且在外过夜的次数明显少了很多，如果有特殊事情晚上不能回家，她都会给我们讲明白理由让我们放心。

这位母亲的教育经验非常值得其他女孩父母们借鉴。毕竟我们不能再把十几岁的女儿当成小孩子，管她们太严或者对她们过度保护都不好，随着她们年龄、阅历的增长，她们应该学着怎么保护自己，怎么判定是非对错。

当然，父母们更不可能对女儿的事情不闻不问，认为她在同学家过夜没什么可担心的。要知道“人心隔肚皮”，我们不能确保女孩接触的每一个人对她都是善意和安全的，因此父母一定要明确告诉女孩绝对不能留宿在男性朋友家里，就算因为特殊情况留宿在女性朋友家里，父母也要确保女儿的安全。

方法二：引导女孩在外留宿时多注意自己的修养和素质

一天，苏岩的妈妈接到了一通电话，电话是正上高二的女儿苏岩的好友丽丽的妈妈打过来的。丽丽妈妈说：“苏岩妈妈，你能不能让你女儿别再留宿我们家了。我知道她和丽丽是好朋友，但是两个人太能闹腾了。我本来刚刚整理好的房间就让她们弄乱了，两个女孩子凑在一块儿立马就成了疯丫头，而且丽丽和苏岩一起玩根本没时间温习功课，两个人就知道聊天、看电视。你们家女儿还嫌弃我做的饭难吃，那要不然让两个孩子去你们家好了……”听到丽丽妈妈的抱怨，苏岩妈妈面子上有些挂不住，她没想到女儿在家养成的臭毛病，去别人家也是这样，真是太没教养了。

通常来说，很多女孩子留宿在自己好朋友家里的时候，会收敛一些自己的脾气和坏毛病，甚至有些女孩会表现得乖巧、温顺。但是也有很多女孩毫不顾忌自己在别人眼中的形象，甚至在朋友家留宿的时候也是我行我素，根本没有修养和素质。

例如有些女孩在朋友家留宿时不注意个人卫生，有些女孩晚上还大声说笑，根本不注意对朋友家人休息的影响，有的女孩随意批评朋友的家人或居住条件，等等。这些不但会让女孩的朋友感到难堪和尴尬，也给对方家人留下不好的印象。

因此，我们应该在女孩决定去朋友家留宿时，多叮嘱她表现得乖巧一些，多注重一下自己的言行举止，尽力给好友的家人留下一个好印象。

第62招

“我该不该相信他？”

——如何防范陌生人的搭讪

女孩的困惑

今天我放学回家的时候，有个中年男人朝我问路，我很热心地给他指明了道路。本来我还打算带那个陌生人找到目的地，但是被同行的同学拉住了，她说看对方不像好人，接着我俩就赶快走了。可是，我心里还是有个疙瘩，难道以后遇到这种事情我都要逃开吗？

出门在外的时候，女孩们难免会由于一些原因向陌生人求助或者被陌生人求助，无论是遇到哪种情况，女孩们都应该谨慎和陌生人搭讪，以免令自己陷入危险的境地。

但现实情况却是，天性善良的女孩对别人总是存有很多善意，相比成人防范意识和自我保护意识就比较低，尤其是遇到陌生人求助于自己的事情，她们大多数都会热情地帮助对方，岂不知陌生人找自己搭讪也可能是将自己当成了“猎物”。

有一个高一的女孩就遇到了这样的情况：

暑假的时候，上高一的小璇经常一个人在家看家。有一天，小璇做完暑假作业正在家看电视，门铃响了起来。她通过猫眼查看是一个很和气的中年男人，而且对方显得很着急。小璇隔着安全门问对方："你有什么事情吗？"那个中年男人说："小姑娘，你好！我是你们楼上的住户，我们家钥匙锁房里了。我想通过你们家阳台爬到我们家阳台上去开门，你能帮我一个忙吗？"小璇居住的这个小区平时左邻右舍来往并不多，所以她根本也弄不清楚对方是不是楼上的，然后经不住对方的再三恳求就打开了房门。结果这个中年男人一进屋就把门反锁上，不但把小璇家里的钱财抢劫一空，而且强暴了小璇。

一般来说，陌生人找年幼的女孩搭讪有两种情况：一种是他真的需要帮助，另一种是他别有居心。而通常不怀好意的陌生人在女孩面前都是假装自己有着急的事情，然后利用女孩的善心找机会对其下黑手。因此，作为父母，我们应该教会女儿巧妙应对"陌生人搭讪"这个问题。下面就给女孩父母们提供一些这方面的教育方法：

方法一：多和女儿进行"陌生人搭讪"的情景训练

云云今年 13 岁，在父母的眼中她已经算是个大姑娘了，但她心思简单，一点自我保护意识都没有。云云的妈妈经常对别人说："我们家云云太善良了，就是别人把她卖了，她还乐呵呵地在一旁给别人数钱呢！"云云的爸爸妈妈为了提高女儿的自我保护意识和对陌生人的警惕心，平时没事总和女儿做一些这方面的情景训练。例如妈妈会问女儿："云云，如果家里没大人，有陌生人敲门向你求助，你会怎么办？"云云就会说："我决不给陌生人开门，然后会打电话给隔壁认识的叔叔阿姨，让他们帮我应付。"接着妈妈又会问："那如果是爸爸妈妈的同事呢？"云云想了一下说："这个我应该会开门吧。"这时，妈妈就会说："即使是爸爸妈妈认识的人，你也不要轻易给开门，而是应该先给爸爸妈妈打电话确认之后，再决定给不给对方开门。"除了这个话题之外，云云的父母还和她做过其他的情景训练，例如遇到骗子怎么办，遇到问路的陌生人怎么办，等等。

事实上，像云云的父母这样经常用情景训练的方式提高女儿对陌生人的警惕心以及自我保护意识，比那些对女孩们单纯说教的方法要有效得多，因为这种方式不仅让女孩更容易接受，而且在女孩真遇到这种危险情况时，也知道如何应对以保护自己。

因此，父母们不要以为女儿已经大了就会懂得保护自己，而是应该多引导女孩提高对坏人的防范意识，最好经常和女儿进行一些这方面的情景模拟训练,这样我们才能让女孩在脱离父母的“保护罩”之后，依然懂得如何保护自己。

方法二：引导女孩对陌生人提高警惕

有一位母亲的教育经验是这样的：

女儿已经上初中了，但我觉得她平时对谁都是“烂好心”，根本不知道如何保护自己。所以平时我会有意引导女儿去了解一些拐卖妇女儿童的新闻，或者女孩被陌生男子欺骗受到伤害的事情，慢慢地我发现女儿对陌生人不再是完全地无戒心了，例如有陌生人搭讪时，她会尽量让自己和同学在一起，或者让对方去问成年人。我相信通过一段时间的引导，女儿会渐渐知道如何更好地保护自己不受伤害。

无论是哪个年龄段的女孩，她们在人群中都愿意表现出自己可爱、善良、亲切的一面，但社会是复杂的，社会上更有很多包藏祸心的人利用女孩的善意来伤害她们。因此，父母应该多引导女孩对陌生人提高警惕，让她们不要太轻信陌生人的话，同时也要告诉女孩一些自我保护的方法。

例如：独自在家时不要给陌生人开门；不要跟搭讪的陌生人走；单独外出时尽量待在人多的地方；晚上最好不要外出，必须外出的情况下，要找人陪同；不接受陌生人提供的饮料或者食品，谨防里面有麻醉药物；不和陌生男人在偏僻的地方单独见面，尤其是陌生男人的家里，等等。

第63招

“妈，我想见一个网友”

——怎样对女儿进行网络安全教育

女孩的困惑

上初二的时候，我就在网上认识了一个网友，我们两个人聊得很投机，因为距离太远我们还没有见过面，但是我们已经通过电脑视频了。虽然我们两个不是网恋，但是被父母知道后，还是掐断了和他的一切联系。我就不明白，为什么父母不相信对方是个好人呢？

曾经有一项专门针对如何教育未成年人的问题展开的一项调查。调查结果显示，对孩子单独外出表示“很放心”的父母只占8%；回答“比较放心”的父母有20%；而回答“不怎么放心”和“完全不放心”的父母则分别占到了52%和20%,其中55%的父母不允许孩子见网友。

其实，说到底，父母不允许女儿去见网友，就是担心女儿的安全问题和学习问题。的确，现实中有很多青春期女孩因为沉迷于网络不是身心受到伤害，就是学习成绩直线下滑。

下面这位母亲就遇到了这样的事情：

最近因为女儿的事情我吃不下睡不好，原来她是一个学习优异的乖乖女，可自从爱上上网以后，她整个人都变了。这几个月来，她为了见网友，已经离家出走过三次了，虽然当天我们就把她找了回来，但是怎么也管不住这孩子“变野”的心。前几天，她又离家出走了，我们找了好久，幸亏这次这个网友人比较好，主动打电话通知了我们，告诉我们女儿在他那里，让我们尽快接女儿回家。我原本打算去接女儿，但是心里又特别矛盾，我现在根本不愿意理她了。

其实，很多女孩子去见网友，无非是出于好奇心。更何况青春期的女孩心思单纯，没有戒备心，又正处于渴望友谊的阶段。假如这个时候，现实生活中缺乏朋友和家人的关心，或者没有倾诉内心想法的对象，那么很容易就会让她们对网友产生莫名的好感，并且迫切想要见面。

因此，父母们没必要“谈网色变”，要深切探知女儿热爱网络、渴望网友的背后原因。这种原因可能是女孩天生的好奇心，也可能是她学习压力大，也可能是她内心空虚，也可能是无法和家人取得良好沟通，也可能是在现实人际交往过程中遇到挫折……总之，无论女孩为什么爱上网和交网友，其实都是因为在现实中没能满足她的某种心理需求。

当然，父母们不可能完全满足女孩的各种心理需求，更何况网络也是日后女孩生活、学习、工作、人际交往的主要渠道，因此我们除了尽力与女孩沟通之外，还要对女孩进行必要的网络安全教育。

下面我们就给父母们提供一些关于教育女儿网络安全的方法：

方法一：教会女孩安全运用网络

曾经有一项调查研究表明，有 66% 的青春期女孩表示她们向其他人透露了网络密码。女孩子随意向他人透露自己的网络密码很危险，即使对方是自己的好友也不应该随意透漏自己的密码。要知道互联网安全的第一条规则就是不要向别人透露密码。

一天放学后，妈妈看到上初二的女儿楠楠眼圈红红地回到家，很明显女儿刚才哭过了。于是，妈妈问："楠楠，怎么啦？"楠楠哽咽着说："前两天我把QQ号密码告诉了好朋友丽丽，没想到她竟然瞒着我和我的网友聊天，还把我的隐私告诉别人，我今天已经和她绝交了，而且我再也不上那个QQ号了，那里面的朋友我也不要了。"

女孩子在网络上设置密码，意思就是说"那是属于我自己的隐私"，一旦密码被别人知晓，很可能会对女孩的生活、学习、交友等造成不良影响。因此，教会女孩网络安全知识的第一步，就是要告诉她像保护自己最紧张的隐私那样保护自己的密码。

除此之外，我们还应该告诉女孩更多的网络安全知识，让她学会在网络上保护自己。例如引导女孩使用安全的社交网络；和女孩协商制定上网规则；告诉女儿不要把自己的照片、家庭地址、学校信息等告诉网络上的陌生人；教导女儿，不要和网络上只聊过几次话、通过几封邮件的网友见面；让女孩尽量在网络上不使用全名，多采用健康向上的昵称或名字；如果女孩在网络上有写日志或博客的习惯，告诉她不要涉及自己真实的信息……

相信青春期的女孩们掌握了这些网络安全知识后，会帮助她们更加安全、自由地享受网络带给她们的好处，也避免了不良分子对她们的觊觎。

方法二：运用"堵不如疏"的原则，给予女孩适度信任

一天，上高二的佳妮突然对妈妈说要去见网友，这下可是把佳妮的妈妈着急坏了。因为佳妮只是和对方在网上聊天，虽然对方说自己是和佳妮年龄一样的女孩，但谁知道她是不是骗子，说不定对方是个男人呢，所以佳妮妈妈禁止女儿见网友。谁知佳妮对妈妈说："我早就知道你是这个反应，但这个网友我见定了，我只是告诉你一

声，对方不是坏人，而且她家离咱们家没有多远。”看着女儿坚定的眼神，佳妮妈妈知道这时再严厉禁止女儿只会起到反效果，于是恢复理智后佳妮妈妈对佳妮说：“妈妈刚才的担心是正常反应，毕竟你还这么小，我当然很担心你的交友问题，更何况还是网友，网上骗子的花样多得很。我可以让你见这位网友，但你要告诉我为什么非要见她，你学校里不是有很多朋友吗？”佳妮说：“我们两个都喜欢打网球，并且决定每个周末都一起去打网球，这周就是先见个面，熟悉一下。”知道这个原因之后，妈妈没再阻止女儿见网友。但女儿去见网友的当天，妈妈还是悄悄跟着去了，以确保女儿是安全的，而且佳妮的妈妈发现，和女儿见面的那个女孩的妈妈也跟着呢。后来，佳妮回家后说：“妈，还是你好，我网友她妈妈还跟着，生怕我是坏人。”

佳妮的妈妈真是很聪明，她既表现了对女儿的信任，同时又在暗处保护着女儿的安全。这样的关爱让女孩在感到被尊重和信任的同时，也保证了她的安全。最重要的是佳妮的妈妈了解了女儿去见网友的目的，清楚了女儿内心的需求，这样她就可以很好地想出对策，来拉近自己和女儿的关系，这样慢慢地母亲就代替了虚幻的网络交流，可谓一举几得。

所以，对待女儿见网友这件事情，父母最好谨遵“堵不如疏”的原则，多给女儿一些信任和理解，同时更要了解清楚女儿内心真实的心理需求，这样我们才能真正确保女儿的生活环境是安全、自由和快乐的。

第64招

“糟糕，我上当了！”

——如何教女孩远离生活中的骗术

女孩的困惑 

昨天我和好朋友佳佳去外边逛街，在天桥底下遇到一个算命的老头，一时兴起我们就去算命了。结果每当我们想听自己接下来的“命运”时，那个老头就让我们加钱。鬼迷心窍，我们身上的钱都拿来算命了，结果回家一想才发现自己上当了。为什么当时我觉察不到自己被骗了呢？

随着女孩年龄的增长，她的身体发育虽然日渐成熟，但是涉世未深的她们，依然会被各种各样的骗术所迷惑，甚至失去应有的判断力和是非观。我们先来听一听那些曾经被骗术所蒙住双眼的青春期女孩的心声：

“有一天，我接到一条短信，上面写道：您好，你的朋友为你点播了一首周杰伦的《稻香》，以此表达她的思念和祝福，请您拨打×××收听。当我真的打过去的时候，却发现什么都没有，而且当月我的话费消费特别快，后来我才知道自己被骗了。”

“平时大家都喜欢叫我‘小胖妞’，这更坚定了我减肥的决心，所以每当电视上或者网络上介绍一些能够减肥的药物、衣服、神奇机器之类的我就会央求爸妈给我买，结果到最后自己没变瘦，还浑身都疼，真是活受罪。”

“我的QQ消息上或者微博消息里有几次提醒我说中奖了，得知这个消息我特别兴奋。于是注册好账号想要领奖金，结果对方还要我先打钱，可是打完钱之后就再也没有消息了。现在，我才知道有好多人都和我一样中奖了，这根本就是一个骗局。”

…………

现如今诈骗广告、诈骗短信、诈骗中奖信息等充斥着人们生活的方方面面，别说让涉世未深的女孩们难以抵挡，就是社会经验丰富的大人也有不慎落入骗子圈套的时候。

例如那些推荐神奇药物的人，专找老年人或者家庭妇女，向这些人吹嘘他们手中的药物或者仪器是如何的神奇，价格又是如何的便宜,结果被“物美价廉”“疗效神奇”而诱惑的成年人成为骗子的“金主”。

事实上，现在的骗子十分厉害，什么样的骗术他们都能想得到，而对于缺乏社会经验、心思单纯、防范意识不强、对外界的警惕性不高、好奇心强的青春期女孩来说，她们常常很容易就被坏人利用。

因此，女孩父母们应该在日常生活中多提醒女孩谨防上当受骗，不要被别人的花言巧语所迷惑，也不要怀着“天上掉馅饼砸我头上”的美梦，以免自己上当受骗。

下面我们就给父母们提供一些引导青春期女孩应对各种骗术的教育方法：

方法一：告诉女儿“占便宜的事不做”

报纸上曾经刊登了这样一篇报道：

有一个上初二的女孩，在网络看到一个招收女模特的广告，广告里说：不限年龄、性别，只要你想做模特，就可以愿望成真。这个女孩怀着做模特的美梦就给这个广告上的地址寄去了自己的照片和详细信息。惴惴不安地等了几天，女孩收到了对方的来信，信上说她幸运地成为入选的前20名人员，如果继续参加，她就需要缴纳一定的费用。于是，兴奋至极的女孩编谎话向爸妈要了几百元钱缴费，可是此后杳无音信，女孩打了几次电话对方都没人接。后来这件事情被同学和父母知道之后，她觉得很羞愧，就离家出走了。

类似上述事例中的事情在现实中时有发生，而且无论骗子的手法多么荒诞和幼稚，偏偏就是有一些青春女孩上当受骗。这究竟是为什么呢？归根究底就是这些女孩们以为自己被天上掉下的馅饼砸到了，自己被“幸运女神”眷顾了，于是面对金钱、名利的诱惑，她们做出了一系列错误的决定。

所以，针对女孩的这种心理特点，我们一定要时常告诉她们：天上没有馅饼，更没有不劳而获的“好事”。同时也要让她明白：那些突然降临到你面前的大便宜，很可能就是一个“大陷阱”，你越是被它吸引，你上当受骗的概率就会越大，占便宜的事情千万不能做。

方法二：教会女孩识别各种骗术的方法

有一位母亲的教育经验是这样的：

一天，13岁的女儿突然兴冲冲地对我说：“妈妈我今天中大奖了。”我疑惑地问：“怎么回事？”女儿告诉我说她的微博消息上显示出她成为一家网站某个活动的幸运用户，可以荣获一台电脑，女儿还说她特意在网上查了一下这家网站，的确有举办这项活动。我让女儿冷静一下，然后让她给这家网站的客服打电话，来核实一下自己是不是真的中奖。结果，对方告诉女儿她受骗了，这根本不是他们发给她的信息。女儿听到这个消息很失望，但我告诉她说：“这个不是你的运气，是骗子的计谋。下次再遇到这样的事情，一定要先核实信息，而且在网上一定要去正规网站查询信息，因为现在的骗子太狡猾了，做什么都跟真的一样。”女儿听完我的话点头表示同意。

上述事例中的母亲正是采用了“重新核实法”来帮助女儿应对骗子的骗局的。除了这种方法之外，我们还可以教会女孩其他识别骗术的方法。例如破绽发现法，很多骗术都是存在漏洞的，只要稍加分析和推理，就会发现很多破绽；苦肉计识别法，告诉女孩不要同情那些故意表现出不幸的人；表情洞察法，有些骗子的演技很拙劣，让女孩仔细观察那些人的表情，一旦有不自然的表现就果断拒绝别人的要求，等等。